Frauen und ihre Bücher

Johannes Thiele

Frauen und ihre Bücher

Das Glück zu lesen

Mit einem Vorwort von
Christine Westermann

THIELE ✹ VERLAG

INHALT

CHRISTINE WESTERMANN

Frauen und ihre Bücher
Vorwort

Es war der Gegensatz zwischen bitter und süß, der mir nie mehr aus dem Kopf gegangen ist. Noch heute mag ich Kaffee am liebsten schwarz, sehr heiß, und wenn es geht, mit einem Stück Apfelsine.

Wie Cécile, das junge Mädchen in *Bonjour Tristesse*. Daß sie Cécile hieß, hatte ich längst vergessen, auch warum sie traurig war, welche Intrige sie angezettelt hatte, welches Ende die Geschichte nahm.

Aber wenn ich den Buchtitel sehe, dann taucht sofort wieder das Bild eines jungen Mädchens mit Kaffee und Orange auf. Sobald ich ihm nachspüre, habe ich das Rauschen des nahen Meeres im Ohr, die Wärme der Sonne auf der Haut, den Geruch von Lavendel und Erde in der Nase.

1964 ist *Bonjour Tristesse* von Françoise Sagan auf Deutsch erschienen. Als ich es las, war ich sechzehn Jahre alt, ein bißchen jünger als Cécile.

Heute, mehr als vierzig Jahre später, kommt beim Betrachten des Buches wieder jenes unbestimmte Gefühl von Verlorenheit auf, jene scheue Traurigkeit, die ich damals empfand, weil so völlig unklar schien, wo das Leben mit mir hinwollte.

Ans Mittelmeer habe ich mich gewünscht, ein flüchtiges Verliebtsein wie Cécile wollte ich erleben, reich wäre ich gern gewesen, um im Sommer auf den Stufen eines Hauses an der Côte d'Azur zu hocken, statt meine Füße in einem Mannheimer Freibad in den Rhein zu hängen.

Es ist erstaunlich, welch heimliche Gier das Bild von Kaffee und Orange noch heute in mir auslöst, wie es mich damals umgetrieben hat.

Im Original heißt es : »… und ich setzte mich schweigend mit einer Tasse Kaffee und einer Orange auf eine Stufe und widmete mich den morgendlichen Genüssen: Ich biß in die Orange und ihr süßer Saft spritzte mir in den Mund; gleich darauf folgte ein Schluck kochend heißen schwarzen Kaffees und wieder die frische Süße der Frucht. Die Morgensonne wärmte meine Haare und glättete meine Haut. In fünf Minuten würde ich baden gehen.«

Ich hätte schwören können, daß Françoise Sagan diese Morgenszene viel üppiger beschrieben, über eine ganze Seite ausgemalt und ausgeschmückt hat.

Hat sie nicht, meine Phantasie hat das getan.

Ich weiß das, weil ich nachgeschaut habe. Das längst vergilbte Taschenbuch, gelbbraun wie Milchkaffee, den ich nur selten trinke, habe ich im Bücherregal ganz oben entdeckt, fast schon unter der Decke.

Dort stehen sie beisammen, die Bücher, die ich mit Leidenschaft gelesen habe, als ich jung war: Gustave Flaubert, Anaïs Nin, Arthur und Henry Miller, Albert Camus, Jean-Paul Sartre, vier Bände von Françoise Sagan.

Ich habe diese Romane nie zweimal gelesen. Was sie mich lehren konnten, habe ich erst im Kopf und dann im Herzen verstaut. Und doch haben mich diese Bücher immer dorthin begleitet, wo für eine Weile meine Heimat und mein Zuhause waren.

Nach San Francisco zum Beispiel zog ich mit zwei Kaffeetassen und vier großen Kisten voll mit schon längst gelesenen Lieblingsbüchern. Als ich nach zehn Jahren wieder nach Deutschland zurückkam, waren es ein paar Bücherkisten mehr geworden.

Man kann meinen Büchern durchaus ansehen, daß sie mich durchs Leben begleiten.

Neulich hat mich eine Buchhändlerin getadelt. Ich hatte bei einer Lesung mein Buch geknickt, es war voll mit Eselsohren, einige Seiten drohten aus dem Leim zu gehen. So dürfe man nicht mit Büchern umgehen, empörte sie sich.

Warum eigentlich nicht?

Zeigt man jemandem seine Zuneigung nicht auch, in dem man

ihn berührt, mal behutsam, mal sanft, mal entschlossen und unge-
stüm, im glücklichen Gefühl jemanden festhalten, vielleicht sogar be-
sitzen zu können? Ich kann nicht anders als meine Bücher an meinem
Leben teilhaben zu lassen, das heißt gelegentlich auch Kaffee- oder
Fettflecken, so gut wie immer Eselsohren.

Häßliches Wort: Eselsohren. Unbedarft, dumm wie ein Esel muß
einer also sein, wenn er scheinbar nachlässig und grob mit einem Buch
umgeht. Das schwingt unausgesprochen mit, oder?

Im Englischen heißen sie *dog ears*, das klingt um so vieles liebens-
würdiger. Und paßt viel besser. Hundeohren sind von der Form ge-
fälliger, immer aufmerksam, nehmen eine Gefühlsregung sofort wahr
und gehen mit.

Knicke sind für mich eine Liebeserklärung an ein Buch.

Wie sonst gelänge es mir, Sätze und Kapitel wiederzufinden, die
ein Buch lesenswert gemacht haben? Bücher, die mir Trost geben, Zu-
versicht, die ich hervorholen kann, wenn sich mir das Leben mal wieder in den Weg stellt und ich nicht weiß, wo es langgehen soll.

»Die Menschen weinen auf den Stoppelfeldern der Zukunft und
sehen die vollen Scheunen der Vergangenheit nicht.« Vor ein paar Mo-
naten hat dieser Satz aus einem tschechischen Roman – *Der Engel des
letzten Tages* von Michal Viewegh – mich eigentümlich berührt, hat in
mir etwas geklärt. Als ich ihn jetzt zitieren wollte, habe ich ihn sofort
gefunden. Der übergroße Knick in der Seite war nicht zu übersehen.

Manchmal erzählen Bücher auch vom Leben. Vom Leben der anderen ohnehin, aber auch vom eigenen.

Ich erlebe sie wie ein unsichtbares Tagebuch, wenn sie mir Jahre nach dem ersten Lesen wieder in die Hände fallen und ich in ihren Tiefen die Bordkarte eines Atlantikfluges, den Kassenbon eines griechischen Supermarktes, die Quittung für zwei Liegestühle, die Papierserviette einer Bar mit einer hingekritzelten Telefonnummer wiederentdecke.

Lesezeichen sind immer auch Lebenszeichen. Kleine Hinweise auf das, was den Leser eines Buches wohl bewegt haben mag, wo er gelesen hat und wann. Erinnerungen wie eine vergessene Ansichtskarte oder ein Zugticket hätte ich mir so gewünscht, als ich jetzt ein Buch meines Vaters wieder hervorgekramt habe, das am Anfang meines Leseweges stand: *André und Ursula*, geschrieben von einer Frau, Polly Maria Höfler. Es erzählt von der Liebe zwischen einer jungen deutschen Frau und einem französischen Soldaten in den Zeiten des Ersten Weltkrieges.

Mein Vater war in diesem Krieg als deutscher Soldat in Frankreich, er wurde dort schwer verwundet.

Eine Erfahrung, die ihn für das Leben danach geprägt hat. Friede und Verständnis zwischen den Völkern, auch über politische Gräben hinweg, von dieser Vision war er beseelt.

André und Ursula war das erste Buch, das er mir zu lesen gab, ich muß zwölf oder dreizehn Jahre alt gewesen sein.

Er hat es mir nicht aufgedrängt, aber ich habe es nur ihm zuliebe gelesen. Was ihm wichtig war, sollte auch mir wichtig sein.

Dann kam Bertha von Suttner *Die Waffen nieder*. Auch ihre Geschichte hat er mir ans Herz gelegt.

Als ich das Buch jetzt noch mal aus dem Regal geholt habe, eine Volksausgabe, deren völlig verblichene Seiten aus einer gänzlich anderen Zeit zu kommen scheinen, stellte ich fest, daß ich meinem Vater wohl etwas abgeguckt habe.

Der Band weist in seinem Inneren ein paar graue Flecke auf, nicht wenige der dünnen Seiten sind eingerissen, überall am Rand finden sich Bleistiftnotizen.

In den fünfziger Jahren flohen wir Hals über Kopf aus der DDR, meinem Vater drohte die Verhaftung durch die Kommunisten. Von einem Tag auf den anderen verlor er alles, was ihm in den mehr als sechzig Jahren seines Lebens so wichtig geworden war. Vor allem seine Bücher.

Freunde haben später noch das eine oder andere Buch im Koffer über die Grenze in die Bundesrepublik geschmuggelt – Bertha von Suttners Nobelpreisbuch gehörte dazu. *André und Ursula* auch.

Die Liebe zur Sprache, zu den Worten hat mir mein Vater vermittelt. Mit großer Hingabe, aber immer spielerisch, leichthin, selbstverständlich.

Nach dem Tod meines Vaters zog ich um, die Verbindung zur Literatur brach ab, im Haushalt meines Stiefvaters standen Bücher nicht im Regal sondern hinter Glas, gleich neben Gläsern und Kaffeeservice.

Noch heute empfinde ich es manchmal als Makel, daß ich nach diesem Ortswechsel fast ohne Bücher groß geworden bin, ich spüre eine leichte Scham, weil ich das, was man gemeinhin gelesen haben sollte, nicht gelesen habe. Zugeben zu müssen, daß ich zwar einige, aber längst nicht alle Bücher aus dem Literaturkanon von Marcel Reich-Ranicki kenne. Ich habe ihn mir stolz gekauft, diesen Bildungsbürgernachweis, entschlossen, nachzuholen, was ich versäumt hatte. Aber andere Bücher drängten sich dazwischen, Bücher, die ich ohne Empfehlung entdeckt hatte und lesenwert(er) fand.

Muß man gelesen haben, was kluge, angesehene, gebildete Menschen für wichtig, richtig, für bedeutend halten?

Ich weiß es nicht, aber ich wüßte gern, wie so ein Literaturkanon aussähe, hätte ihn eine Frau zusammengestellt.

Vielleicht lesen Frauen anders. Auf jeden Fall lesen sie mehr. Eine Frau liest pro Jahr fünf Bücher. Männer anderthalb, wenn überhaupt. Woraus die Statistik, warum auch immer, messerscharf schließt, daß in einer Wohnung ohne Bücher nur ein alleinstehender Mann wohnen kann.

GILLIAN FURLONG

(*1948)

Sonntagmorgen — Newlyn, 1998

PRIVATSAMMLUNG

Männer lesen, um informiert zu sein. Deshalb finden sie Sachbücher praktisch, weil man häppchenweise darin lesen kann, zu lange bei einem Buch zu verweilen strengt sie eher an.

Männer halten sich gern an Fakten, beim Lesen gehen sie mit ihrer Phantasie längst nicht so großzügig um, wie Frauen das gern tun. Aber vielleicht ist das auch nur reine Theorie, während es im richtigen Leben durchaus Beispiele gibt, die dem Statistikkram widersprechen.

Vor ein paar Wochen bekam ich eine Postkarte. Darauf eine junge Frau, die einen Telefonhörer dicht ans Ohr gepreßt hält. Man sieht ihr Freude und Glückseligkeit sofort an. Und wie um diesen Eindruck noch zu bestätigen, schwebt über ihr eine Sprechblase mit den Worten: »Stell Dir vor, Mama, er liest!«

Frauen und ihre Bücher. In einigen der Bilder in diesem Buch fühle ich mich sehr zu Hause, finde ich mich vollends wieder. Eines heißt *Der Sonntagmorgen*, Gillian Furlong hat es gemalt (Seite 11).

Der Sonntag, Synonym für die stille Freude, daß dieser Tag womöglich unverplant vor einem liegt und man sich schon am frühen Morgen mit einem Buch verabreden kann.

Die Schriftstellerin Kathleen Norris hat ihre Leselust einmal so ausgedrückt: »Zu wissen, daß am Ende eines langen Tages ein gutes Buch auf einen wartet, macht den Tag fröhlicher.«

Das mag ich gern bestätigen, und auch ergänzen: Mit dem Wissen ins Bett zu gehen, am nächsten Morgen neben einem Buch aufzuwachen, dessen erste Seiten mich Stunden zuvor in ihren Bann gezogen haben, läßt mich fröhlich einschlafen.

Eines meiner Lieblingsbilder in diesem Buch ist das Gemälde *Beim Frühstück* von dem schwedischen Maler Laurits Andersen Ring. Lange und ausgiebig Bücher oder Zeitungen zu lesen und zu frühstücken, kommt meiner Idealvorstellung von einem perfekten Tagesbeginn sehr nahe. Und eigentlich fehlt mir in meinem Leben auch nicht viel zu diesem Glück.

Höchstens der Blick in einen herrlichen Garten und das feine, seidenweiche Kleid der Leserin.

LAURITS ANDERSEN RING
(1854–1933)
Beim Frühstück, 1898
NATIONALMUSEUM, STOCKHOLM,
SCHWEDEN

Das Glück zu lesen
Anmut und Verzauberung

EINE EWIG WEIBLICHE AFFÄRE, Frauen und ihre Bücher. Eine Herzenssache, ganz offensichtlich, ja eine *entente cordiale*. Eine Beziehung scheinbar immerwährenden Glücks. Frauen können aus den unterschiedlichsten Gründen lesen, und gleich, aus welchem, in Büchern finden sie einen Spiegel ihrer selbst, eine Bestätigung ihrer selbst, eine Erweiterung ihrer selbst.

Wie seltsam, daß über diese fundamentale Erfahrung des Buches als eines Vademecums in die eigenen Welten der Phantasie so selten nachgedacht und kommuniziert wird. Harold Bloom hält – in seinem Buch *Die Kunst der Lektüre* – das »richtige Lesen« für eines der großen Vergnügen des Alleinseins, denn es ist seiner Erfahrung nach das heilsamste Vergnügen: »Es gibt den Zustand des Andersseins wieder, sei es in einem selbst oder in Freunden oder jenen, die zu Freunden werden können. Die imaginative Literatur bedeutet Anderssein und mildert als solche die Einsamkeit. Wir lesen nicht nur, weil wir nicht genug Menschen kennen können, sondern auch weil die Freundschaft so verletzlich ist, weil es so unwahrscheinlich ist, daß sie abnimmt oder schwindet, bezwungen durch Raum, Zeit, unvollkommene Sympathien und all die Sorgen des Familien- und Liebeslebens.«

Daß Lesen die Imagination befördert, ja beschwört, ist jeder Leserin einsichtig. Und jede Leserin weiß aus eigener Erfahrung, daß ihre Bücher auch Rettungsanker sein können, wenn sie im Meer des Alltags und in den Stürmen des Lebens die Orientierung zu verlieren droht. Sie weiß um die buchstäblich das Leben umfassende, bergende, rettende Kraft der Literatur.

Lesen heißt, die Zeit stillstehen zu lassen. »Man kann lesen, nur

EMIL NOLDE
(1867–1956)
Frühling im Zimmer, 1904
STIFTUNG SEEBÜLL ADA UND
EMIL NOLDE, DEUTSCHLAND

um die Zeit zu verbringen, oder man liest aus wirklichem Impetus, letztlich aber liest man gegen die Uhr«, sagt Harold Bloom. Das »tiefe Lesen« ist etwas völlig anderes als das oberflächliche Dahinlesen, das sich vielleicht an der Politur erfreut, aber nicht daran kratzt. Wir suchen etwas, was uns uns selbst näher bringt, wovon wir Nutzen davontragen können. Wir lesen, um das Selbst zu stärken und etwas über seine authentischen Interessen zu erfahren. Diese Erweiterung, die uns solches Lesen schenkt, erleben wir als Vergnügen. Wir lesen um unser Leben, um genau zu sein.

D AS BEDÜRFNIS NACH FLUCHT. Die Frage, warum Frauen lesen, hat schon vor Jahrhunderten Kontroversen ausgelöst und Debatten befeuert. In seinem *Literaturverführer* gibt Ulrich Greiner nicht nur eine Gebrauchsanweisung zum Lesen schöner Literatur, er weicht auch nicht der Frage aus, warum wir Romane lesen. Um uns zu zerstreuen, zu unterhalten, zu amüsieren, wäre eine probate Antwort. Doch er sagt: »Das glaube ich nicht.« Warum dann? Seine Antwort lautet: Eskapismus. Worunter das Lexikon die Flucht vor der Wirklichkeit in eine Scheinwelt versteht. »Ich behaupte nun, daß dieses Fluchtbedürfnis Hauptantrieb der Leseleidenschaft ist. Literatur zu schreiben und zu lesen ist eine hoch entwickelte Form des Eskapismus … Diese Fluchten führen nicht in ein ungefähres Nirgendwo, sondern erschaffen eine Wirklichkeit eigener Qualität, eine Gegenwirklichkeit, die dann eine größere Geltung haben kann als die eigentliche.«

Die eigentliche? Was hätte sie auszurichten gegen die um so vieles mächtigere Realität der eigenen Träume, der durch Lesen ausgelösten Infektion mit Phantasie, gegen die es kein wirksames Gegenmittel gibt? Jede Leserin, jeder Leser weiß doch um die Kraft, die Bedeutung und die Schönheit der Welten, die sich ihrer Phantasie öffnen, die sich aus schwarzen Buchstaben vor ihren Augen aufbauen und sie einladen, sie nicht nur zu betreten, sondern sich ihnen restlos anzuvertrauen, ja, in ihnen aufzugehen.

»Neben der Welt der Zahlen und Fakten«, das weiß auch Ulrich Greiner, »gibt es die Welt der Gedanken und Vorstellungen, die Welt der Träume und der Fantasien, die Welt des Glaubens und der Mythen. Das Eigentümliche, das Wunderbare an der Literatur liegt eben

WALTER CRANE
(1845–1915)
Zuhause, 1872
LEEDS MUSEUM AND GALLERIES
(CITY ART GALLERY),
GROSSBRITANNIEN

darin, daß in ihr alle diese Wirklichkeiten nebeneinander bestehen können, gleichzeitig und gleichberechtigt, und daß sie gegeneinander durchlässig sind.«

Die Leidenschaft des Lesens. Es war Gustave Flaubert, der das eskapistische Lesen von Literatur zum Thema gemacht hat. Und zwar in seinem 1856 erschienenen Roman *Madame Bovary*, deren gleichnamige Heldin sich unter anderem dadurch ins Unglück stürzt, daß sie unentwegt romantische Romane liest, sich von deren Sentimentalität den Kopf verdrehen läßt und sich in zwei ziemlich beliebige Männer verliebt, was überhaupt nicht gut ausgeht.

Emma Bovary ist die Frau eines biederen Arztes, der in seinem Beruf nur wenig Erfolg hat und durch seine Mittelmäßigkeit Emmas romantische Träume von Liebe und Eheglück, die durch die Lektüre von sentimentalen und frivolen Romanen entfacht worden waren, enttäuscht. Sie gerät auf Abwege, wie man das damals genannt hat, begeht mit einem Liebhaber Ehebruch und nimmt schließlich nach immer neuen Enttäuschungen Gift.

Nach dem Erscheinen des Buches kam es zu einem Skandal, der zu einer Gerichtsverhandlung gegen Verleger und Autor wegen Verbreitung unmoralischen Schrifttums führte; die Beschuldigten wurden freigesprochen und der Roman durch diesen Prozeß sehr populär. Doch das ist heute alles ohne Bedeutung. Künstlerisch steht *Madame Bovary* an der Spitze der französischen Literatur des neunzehnten Jahrhunderts. Und Flaubert, der Meister des realistischen Erzählstils, der stets mit der Präzision der Bilder rang und oft tagelang nach einem richtigen Ausdruck suchte, erlebte mit diesem Roman seinen Durchbruch.

Die leseleidenschaftliche, ja -wütige Emma Bovary gilt in ihrer bornierten Familie als launisch, als anfällig für allerlei nervöse Krankheiten, was die ihr verhaßte Schwiegermutter zu dem Kurzschluß verleitet, daran seien nur die vielen Romane schuld: »Es wurde also beschlossen, Emma am Romanlesen zu hindern. Das Vorhaben schien nicht ganz einfach. Die gute Frau wollte sich darum kümmern: wenn sie durch Rouen käme, würde sie selbst zu dem Besitzer der Leihbücherei gehen und ihn davon in Kenntnis setzen, daß Emma ihr Abonnement kündigte. Hätte man nicht das Recht, die Polizei zu rufen, wenn der Buchhändler sein Vergiftungswerk trotzdem weiterbetrieb?«

Man kann solche Gedanken und Intentionen für bourgeoise Naivität halten, als seien so die vermeintlichen Probleme mit der Leseleidenschaft aus der Welt zu schaffen. Sie verweisen jedoch auf eine jahrzehnte-, ja jahrhundertelange Skepsis, der sich weibliche Lektüre ausgesetzt sah.

D AS RECHT AUF BOVARYSMUS. Daniel Pennac formulierte 1992 in seinen *Unantastbaren Rechten des Lesers* auch das »Recht auf Bovarysmus, also die buchstäblich übertragbare Krankheit, den Roman als Leben zu sehen«. Und das Leben als Roman, möchte man hinzufügen. Bovarysmus bedeutet die »unmittelbare und ausschließliche Befriedigung unserer Empfindungen: Die Phantasie nimmt über-

hand, die Nerven vibrieren, das Herz rast, das Adrenalin spritzt hervor, die Identifikation funktioniert in alle Himmelsrichtungen, und das Gehirn hält (vorübergehend) ein alltägliches X für ein romanhaftes U.«

Gustave Flaubert selbst sagte: »Die einzige Art, das Dasein zu ertragen, besteht darin, sich an der Literatur wie in einer ewigen Orgie zu berauschen.« Das mag überspannt sein oder auch nur zugespitzt ausgedrückt – es offenbart auf jeden Fall ein bestimmtes Verhältnis zum Lesen und zur Literatur, das jegliches Nützlichkeitsdenken prinzipiell ablehnt. Die wirkliche Leserin, der wirkliche Leser ist nicht nur erschütterbar, nicht nur sensibilisiert »für die Möglichkeitswelt hinter dem Alltag und jenseits des bloß Tatsächlichen« (Ulrich Greiner) – sie sind, folgt man dem Gedanken Flauberts, »rauschfähig«, das heißt in diesem Fall: offen für die Übersteigung dessen, was man in seinem kleinen Leben halt so vorfindet und erlebt. Die Bücher sind der Schlüssel zu dieser Welt. Und ob man es nun Eskapismus nennt, also eine mehr oder weniger bewußte Flucht in Gegen- und Anderswelten, oder Bovarysmus, also eine bestimmte Art, das Leben als Roman zu sehen – und das heißt: in ihm zu leben – dürfte gegenüber dieser unvergleichlichen Erfahrung, durch Lesen mehr Tiefe erleben und mehr Schönheit erfahren zu können, als es ohne Bücher möglich wäre, fast schon nebensächlich sein.

Die lesenden Frauenzimmer. Doch genau darin liegt – historisch gesehen – das »Problem« weiblicher Lektüre und Lesekultur. Noch im siebzehnten Jahrhundert waren Frauen außerhalb der ihnen verschlossenen elitären und gelehrten Zirkel auf die ritualisierte Lektüre von Bibel, Gebetbuch und Hauskalender beschränkt. Erst im achtzehnten Jahrhundert entstand ein modernes Lesepublikum, die »lesenden Frauenzimmer« kamen in den Genuß von Bildung und Lektüre, ihr Idealbild war jedoch noch die Verbindung von häuslicher Tüchtigkeit und kluger Anwendbarkeit. Für ihren Horizont genügte, was sich nutzbringend auf ihren begrenzten Wirkungskreis in Haus und Familie anwenden ließ: Die Frau »soll nur klug und gar nicht gelehrt werden«, befand Christian Fürchtegott Gellert.

Da den Frauen keine Möglichkeiten zur Kompensation von Enttäuschungen und Konflikten zur Verfügung standen, richteten sie ihr

ROBERT HERDMAN
(1829–1888)
Lady Shand, 1867
NATIONAL GALLERY OF SCOTLAND,
EDINBURGH, SCHOTTLAND

Interesse auf »erlaubte« Bereiche wie Religion, Naturschwärmerei und eben Lektüre. Mit der Zeit verschafften sich Frauen freie Zeit für ihre Bücher, doch daß sie sie mit dem Lesen von Romanen ausfüllten, also mit nicht nützlicher oder zweckdienlicher Literatur, erregte nicht wenig Mißfallen und Kritik. Galten doch Romane als etwas Fabelhaftes, Phantastisches, sogar Abstruses, auf jeden Fall nach den Kategorien der Aufklärung Unvernünftiges; auch empfindsame Romane, die bürgerliche Lebensformen darstellten und damit Emotionen und Subjektivität, waren lange Zeit verpönt.

In einem Ratgeber, *Dem Wohlerzogenen Frauenzimmer* (1767 erschienen), wurde der Tochter des Hauses empfohlen, neben der Historie (Realienbüchern) auch Fabeln, Romane, Erzählungen, Poesie und Schauspiele zu lesen. Dadurch werde »der Verstand unterrichtet, die Einbildungskraft vergnügt, der Geschmack gebildet und das Herz gebessert«. Lesen erschien hier als »höchst vernünftige Beschäftigung und als ein höchst angenehmer Zeitvertreib«. Aber es gab nicht wenige Kritiker, die das Lesen von Romanen – also Unterhaltungslektüre – beinahe ganz verbieten wollten.

DIE ZEIT DER EMPFINDSAMKEIT. Auch die zunehmende Literaturproduktion reagierte rasch auf die neuen weiblichen Bedürfnisse. Bereits im Zeitraum von 1750 bis 1800 erschienen in Deutschland über fünftausend belletristische Novitäten; ihr Publikum bestand – von männlichen Jugendlichen und professionellen Lesern wie Literaten und Rezensenten abgesehen – fast ausschließlich aus Frauen. So daß der Mitte des Jahrhunderts einsetzende Diskurs über Sinn und Unsinn weiblicher Lektüre und die »Lesesucht« jegliche Lektüreleidenschaft gleichsam stigmatisierte. Warum? Weil »unmäßige« Lektüre Geld verschwende, die Frau durch zu große Empfindsamkeit und Schwärmerei für die Realität des häuslichen Lebens untauglich mache, das viele Sitzen der Blutzirkulation schade, die Sucht zu lesen überhaupt ansteckend sei und das »Empfindsamkeitsfieber« wie eine Seuche grassiere, derer man nicht mehr »Herr werden« könne. Und überhaupt sei es ratsam, Frauen »nicht unbeaufsichtigt« lesen zu lassen. Mit anderen Worten: zu kontrollieren, was, wann und wieviel die Frau lese.

Gegen eine sich rapide verändernde Welt sollte die zwar sensible, jedoch eben nicht gelehrte Frau immun sein, so wie Johann Gottfried Herder den Frauen ausgesuchte empfindsame Lektüre empfahl, »um Geist und Herz zu verschönern«. Romane sprächen eben den »weiblichen Verstand«, also das Gemüt, unmittelbar an. Die Heldinnen des empfindsamen Romans jedoch waren allesamt konstruiert – gütig, tugendhaft, bescheiden, sittlich, moralisch und keusch, bereit zur freudig erfüllten Pflicht – und hatten mit der Lebenswirklichkeit ihrer Leserinnen nur wenig zu tun. Die Lektüre ihrer Geschichten war für Frauen jedoch nicht selten eine Kompensation für die Monotonie eines nicht erfüllten Lebens, das durch einen Mangel an Beschäftigung und Verantwortung sowie unzulänglicher geistiger Nahrung gekennzeichnet war.

Die weibliche literarische Kultur. Wenn Frauen lasen, »so fühlten sie mit, weinten mit und verschmolzen zeitweise mit der Protagonistin des Romans oder anderen Figuren. Sie versanken in der Lektüre. Die Literatur hatte einen therapeutischen, tröstenden Effekt. Immer wieder wird festgehalten, daß die Frauen eine leicht zu lesende, spannende und angenehme Literatur vorzogen … [Es] wurden Romane bevorzugt, welche sich mit dem Empfindungs- und Vorstellungskreis der Frauen deckten. Es entstand eine eigene, weibliche, literarische Kultur« (Fatima Oturak-Pieknik).

Gelesen wurde nicht nur in der häuslichen Abgeschiedenheit, sondern auch in Lesezirkeln, im Familien- oder Freundeskreis. Literarische Lesegesellschaften, Salons, Leihbibliotheken, Lesekabinette – teils privat, teils öffentlich – richteten das Augenmerk nicht mehr nur auf das selbstbestimmte und –gestaltete Lesen der Frau, sondern auch auf neue soziale Formen der Lektüre.

Die eigentliche Domäne der Frau wurde dann im neunzehnten Jahrhundert die »schöne Literatur«, während Philosophie und Wissenschaften zur Domäne der Männer erklärt wurden. Spätestens seit dieser Zeit war Belletristik im wesentlichen »Frauensache«. Immer kritisch beargwöhnt von Männern, die sich das Recht herausnahmen, Romane in »gute« und »schlechte« aufzuteilen. Die »guten Romane« entsprachen bürgerlich-moralischen Intentionen, förderten weibliche Tugenden und edle Empfindungen. Die »schlechten Romane« waren erotisch gefärbt oder generell schändlich, erzeugten zuviele sinnliche Phantasien und Wünsche und förderten Unzucht und Verderben.

Noch die Mädchen- und Frauenliteratur des neunzehnten Jahrhunderts kämpfte jahrzehntelang um Anerkennung und stand unter dem Verdacht, sie sei unrealistisch, lenke von den wirklichen Problemen des Lebens ab, habe keinerlei ästhetischen, anspruchsvollen Wert. Immer wieder wurde vor »zu viel« unterhaltenden Romanen, überhaupt vor »zu viel« Belletristik gewarnt: Noch im neunzehnten Jahrhundert war man der allgemeinen Überzeugung, daß sie die weibliche Phantasie verwirre und falsche Vorstellungen wecke.

Doch seit der Zeit der Frühromantik (also um das Jahr 1800) war die weibliche literarische Kultur nicht mehr aufzuhalten – sie hatte von den Idealen der Aufklärung profitiert, obwohl emanzipatorische Tendenzen, die auf die Befreiung der Frau aus patriarchalischen Abhängigkeiten zielten, noch nicht erkennbar waren. Trotz aller bisweiligen bissigen Kritik hatte sich die weibliche Lektürekultur etabliert. Zwar stand die »weibliche« Belletristik stets unter Trivialitätsverdacht, doch im Kampf um die spezifisch weibliche Literatur verschaffte sich die Frauenlektüre Ansehen – zumindest in gewissen Kreisen. Gegen Ende des neunzehnten Jahrhunderts verlief sich die Diskussion über die weibliche Lektüre. Das Glück zu lesen hatte sich längst durchgesetzt.

DAS SUJET DER LESENDEN FRAU. Und dann wurde sie gemalt, immer wieder. Die Bilder trugen Titel wie *La Liseuse* oder *Reading Woman*; Generationen von Künstlern hat die *Lesende Frau* fasziniert. Parallel zur Entwicklung ihrer Lektürewelt wurde sie zu einem der beliebtesten Motive der Malerei vom achtzehnten bis zum frühen zwanzigsten Jahrhundert.

Auf dem Höhepunkt sowohl der impressionistischen Bewegung in Frankreich wie der viktorianischen Ära in England wurde das Mädchen oder die Frau – versunken in die Lektüre eines Buches – mitten in eine schöne Landschaft oder in ein mehr oder weniger illustres Interieur gesetzt und so zu einem visuellen Gegenstück zum immer stärker industrialisierten und urbanisierten Europa. In den Gesichtern lesender Frauen spiegeln sich Versunkenheit und Anmut, Verzau-

FREDERICK CARL FRIESEKE
(1874–1939)
Lesendes Mädchen, ca. 1903
MUSEUM OF FINE ARTS, HOUSTON,
TEXAS, USA

berung und Betörung, Mitgefühl und Sehnsucht, Erstaunen und Trauer. Überall und zu jeder Zeit, ganz gleich, wann und wo sie lesen, bei Tag oder bei Nacht, am Strand oder am Schreibtisch, allein oder zu zweit, im Liegen oder im Stehen. Das Sujet der lesenden Frau scheint uns geradewegs in die Mitte der weiblichen Existenz zu führen.

Die Frauen der vergangenen Jahrhunderte lebten weitgehend in einer Welt, deren Politik, Wirtschaft und Kultur von Männern dominiert wurde. Das Lesen von Büchern war oftmals der einzige Weg, mit dem sie sich Zugang zu dieser Welt, ja überhaupt zur Welt außerhalb ihres oft eng gesteckten privaten Rahmens verschaffen konnten. Doch die lesende Frau auf den Bildern war für den Mann nicht nur eine Phantasie, eine Bestätigung der stillen Behaglichkeit und hart erworbenen sozialen Stabilität. Denn spätestens mit der Wende zum zwanzigsten Jahrhundert machte auch das überlieferte Bild der Frau, die vor allem mit häuslichen Tätigkeiten beschäftigt war, einer neuen Heldin Platz, die in direkten Konflikt mit traditionellen Konventionen geriet. Denn was sie las, waren längst nicht mehr sentimentale Romane oder erbauliche Schriften zur Stärkung der Moral. Die neue Frau fuhr Fahrrad, spielte Tennis, besuchte Cafés und – am wichtigsten – war gebildet. Sie las Bücher! Sie hatte sich mit ihnen einen Freiraum erobert. *La Liseuse* war zur selbständig denkenden Frau geworden, die nichts von ihrer Schönheit einbüßte, jedoch immer noch gefangen war von den Büchern, die sie in Händen hielt.

D AS PURE VERGNÜGEN. Zum eigenen Vergnügen zu lesen – das scheint in einem gewissen Widerspruch zu stehen zu all den heute noch kursierenden Vorstellungen einer »hehren«, womöglich *a priori* »gefährlichen« Leserin, die etwas Besseres sein soll. Doch lesenden Frauen eine besondere Gefährlichkeit oder Klugheit oder sonst eine prinzipielle Überlegenheit zuzuschreiben, dürfen wir als wohlfeile Unterstellung verbuchen, als rührenden Versuch, sich den Frauen anzubiedern, von denen man profitieren möchte.

Die aristokratische Salondame wurde von der empfindsamen Bürgersfrau abgelöst, die in der Lektüre Glück sucht, und nach wie vor kommt es vor, daß in der Forschung Leserinnen oft als »hedonistisch« abgewertet werden, nur weil ihnen das Lesen gefällt. Die passionierte Leserin taucht eben in den Roman ein und darin unter und empfindet das Lesen als »Zeit mit mir«. Die Lektüre erscheint ihr als ein Refugium, ein Fluchtort, wo die Beanspruchungen des Alltags kein Recht und keine Geltung haben. Wo sie »sich selbst gehört«. Wo sie eine »Auszeit« erlebt, ein Herausfallen aus der Zeit, in deren Takt sie oft einfach nur funktioniert. Mit Büchern sozusagen ein Mittel parat zu haben, sich das Glück dieser Befreiung und dieses Losgelöstseins so einfach und leicht verschaffen zu können, ist selbst ein Glücksfall des Lebens.

LESEN FRAUEN ANDERS? Das jedenfalls behauptet die Literaturwissenschaftlerin Ruth Klüger. Frauen *lesen* anders als Männer, weil sie anders *leben*. Daher kann der weibliche Blick, in der Literatur wie im Leben, manches entdecken, woran der männliche vorbeisieht. Daß Bücher auf Frauen anders wirken als auf Männer, wird niemand ernsthaft bestreiten. Und auch jenseits der Geschlechterfixierung dürfte unbestritten sein, daß jeder Mensch »anders« liest als ein anderer, »wie kein Leben mit einem anderen identisch ist und sich jedermanns und jeder Frau Weltverständnis von jedem anderen unterscheidet« (Ruth Klüger).

Doch schon die Identifikation ist bei Frauen eine andere als bei Männern. Spät habe sie gelernt, gesteht Ruth Klüger, sich ihre »Betroffenheit als Frau beim Lesen und Zuhören einzugestehen«. Und daß es eben Unterschiede in den Lesegewohnheiten gibt, die auf die natürlichen Unterschiede zwischen den Geschlechtern zurückzuführen sind – unterschiedliche Interessen, Vorlieben, Genres, Empfindungen, Beziehungen, Ästhetiken. Sie werden auch durch Sozialisation und Erziehung bestimmt, durch Festlegung und Ausprägung von Geschlechterrollen, durch angeblich oder tatsächlich »typisch Weibliches« und »typisch Männliches«.

Täglich bekomme man das unterschiedliche Leseverhalten der Geschlechter vor Augen geführt, betont Hannelore Schlaffer in der *Neuen Zürcher Zeitung*: »Die Berufstätigen, die am Morgen zur Arbeit fahren, ähneln einander, ob Mann, ob Frau, in Kleidung und Betragen, haben Hemd, Hose und Jacke in ungefähr gleichem Schnitt und gleicher Farbe an; sie unterscheiden sich allein durch die Lektüre: Die Männer lesen Zeitungen und Zeitschriften, die Frauen Romane, und zwar sehr dicke. Geschlechtliche Unterschiede nivellieren sich zunehmend – nur das Haar bleibt davon unberührt und die Lektüre. Was auf dem Kopf und in ihm geschieht, trennt die Geschlechter.«

DAS LESENDE GESCHLECHT. Frauen sind Viel-, manchmal Allleserinnen, ihre künstlerischen Welten im wesentlichen Lesewelten. Wenn Frauen jedoch »das lesende Geschlecht« (Christine Garbe) sind, dann ist auch das Glück zu lesen ein weibliches. Konsumenten von Sachbüchern, Fachliteratur, Statistiken und Bedienungsanleitungen wissen, was sie suchen. Romanleserinnen aber wollen nicht suchen, sondern finden. »Sie gehen in einen Roman hinein wie in ein fremdes Land« (Ulrich Greiner). Sie haben eine ganz individuelle Art, sich dieses Land anzueignen. Sie erobern es nicht mit grandioser Geste, sie verwandeln sich ihm still und heimlich an. Und sie verwandeln es *sich* an. Sie suchen nicht in erster Linie kritische Distanz und Auseinandersetzung, sondern sympathische Nähe, Einfühlung und Identifikation. Was natürlich keineswegs bedeutet, Frauen hätten keine Kritikfähigkeit Büchern gegenüber, ganz im Gegenteil. Doch da sie in hohem Maße auf die »emotionale Qualität« ihrer Lektüre achten, auf Geschichten, die sie berühren und ergreifen, haben sie beim Lesen auch ein besonderes Gefühl für Lebenstiefe, Schmerzwachheit, Glücksempfindlichkeit.

»Männer wollen, wenn sie lesen, studieren«, resümiert Hannelore Schlaffer, »Frauen empfinden.« Und: »Autorinnen schildern Leben als Dasein, Autoren erzählen es als Geschichte.« Und: »Noch gilt für das Verhältnis von Mann und Frau die Devise: vereint leben, getrennt lesen.«

EINE HOMMAGE AN WEIBLICHE LESELUST ist dieses Buch. Es begibt sich auf die Spurensuche nach Bildern von lesenden Frauen durch die Jahrhunderte, inspiriert von der Frage, warum und wie Frauen lesen und zu welchen Büchern sie greifen. Es führt auf kunsthistorischen Pfaden zu den Orten der Leselust, erzählt in Bildern von literarischen Freundschaften und weiblichen Lieblingslektüren, vom Leseglück, das Frauen mit ihren Freundinnen und ihren Kindern teilen. Und von jenen wunderbaren Momenten, die nur ihnen allein gehören.

ERSTES KAPITEL

Die unendlichen Geschichten

Von der weiblichen Leidenschaft des Lesens

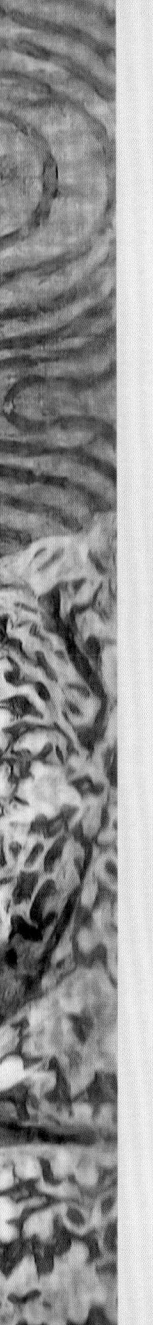

Ein Brausen von Worten fängt an in meinem Kopf und dann ein Leuchten, einige Silben flimmern schon auf, und aus allen Satzschachteln fliegen bunte Kommas, und die Punkte, die einmal schwarz waren, schweben aufgeblasen zu Luftballons an meine Hirndecke, denn in dem Buch, das herrlich ist und das ich also zu finden anfange, wird alles Sein wie *Esulate Jubilate*. Wenn es dieses Buch geben sollte, und eines Tages wird es das geben müssen, wird man sich vor Freude auf den Boden werfen, bloß weil man eine Seite daraus gelesen hat, man wird einen Luftsprung tun, es wird einem geholfen sein, man liest weiter und beißt sich in die Hand, um vor Freude nicht aufschreien zu müssen, es ist kaum auszuhalten, und wenn man auf dem Fensterbrett sitzt und weiterliest, wirft man den Leuten auf der Straße Konfetti hinunter, damit sie erstaunt stehenbleiben, als wären sie in einen Karneval geraten, und man wirft Äpfel und Nüsse, Datteln und Feigen hinunter, als wäre Nikolaustag, man beugt sich, ganz schwindelfrei, aus dem Fenster und schreit: Hört nur, hört! schaut nur, schaut! ich habe etwas Wunderbares gelesen, darf ich es euch vorlesen, kommt näher alle, es ist zu wunderbar!

— INGEBORG BACHMANN

Das Bild einer lesenden Frau erzählt eine eigene Geschichte. Stiehlt die Lesende sich einen Moment aus der täglichen Routine, um in die Behaglichkeit und den Trost eines Buches einzutauchen? Träumt sie sich weit weg? Sucht sie in den bedruckten Seiten nach Antworten für ihr eigenes Leben? Ist das Lesen für sie eine Möglichkeit, etwas zu verändern?

Und warum sind Frauen solch leidenschaftliche Leserinnen? Ist es die Lust am Rückzug in eine eigene Welt? Die Sehnsucht nach Ungestörtheit und Ruhe? Der Wunsch, der Phantasie freien Lauf zu lassen und sich wegzuträumen? Den Alltag des Hier und Jetzt zu überwinden, neue Erkenntnisse über das Leben zu gewinnen oder den sprichwörtlichen »Garten in der Tasche« zu tragen? Im Bann des Geschriebenen und Erzählten lassen Frauen sich fesseln, verführen, amüsieren, ergreifen – und begreifen oft genug, was die Welt in ihrem Innersten zusammenhält.

Sicherlich findet die lesende Frau in den Seiten eines Romans eine Möglichkeit, ihrer Alltagsroutine zu entkommen. Möglicherweise sucht sie ihren Horizont zu erweitern, ihr Leben zu vertiefen. Vielleicht grübelt sie über eine Stelle, die sie irritiert. Spürt, daß das Buch, welches sie in Händen hält, die Zeit auf die denkbar schönste Weise anhält. Sie träumt, sie fiebert, sie schmilzt dahin, sie verliert sich. Sie löst sich auf. Und setzt sich wieder neu zusammen.

Jedes Buch erschafft seine eigene Welt. Die Magie der Worte läßt alle Realität unwirklich werden. Und das Lesen kann zur Geburtsstunde neuer Ideen werden.

FRANÇOIS BOUCHER
(1703–1770)
Bildnis der Madame Pompadour (Detail), 1756
ALTE PINAKOTHEK, MÜNCHEN, DEUTSCHLAND

JACQUES-ANDRÉ PORTAIL
(1695–1759)
Lesende Frau
MUSEUM OF FINE ARTS, BOSTON, USA

Ein berühmtes Bild, das *Lesende Mädchen* von Jean-Honoré
Fragonard (1732-1806). Nicht nur die Schönheit des Mädchens ist berückend, sondern auch die dargestellte Situation: Selten ist die Lektüre einer Frau mit solcher Intensität und Anmut
eingefangen worden wie auf diesem Bild. Mit graziöser Finger-
stellung hält die Unbekannte ihr kleines Buch in der rechten Hand,
während die linke sich auf dem Tisch ausruht. Kann man bequemer sitzen als in einem Sessel mit solch großem und weichem
Kissen im Rücken? Die schöne Leserin ist perfekt gekleidet mit
einem gelben Kleid mit reichlich Spitzen und Schleifen, und obwohl wir vom Interieur so gut wie nichts sehen, ist doch klar, daß
wir es hier mit einer jungen adligen oder großbürgerlichen Frau
zu tun haben, deren Lieblingsbeschäftigung das Lesen ist.

Jean-Honoré Fragonard war ein Schüler von François Boucher,
dessen Malstil er zunächst kopierte, dann weiterentwickelte. Zunächst auf historische Malerei abonniert, die er in Rom studierte
und sich aneignete, wandte er sich nach seiner Rückkehr dem Pariser Gesellschaftsleben zu. Die Französische Revolution bedeute-
te für den unerschöpflichen Maler und Radierer der Freuden der
Liebe und wollüstiger Entkleidungsszenen auch privat und künstlerisch eine Zäsur: Er verlor sein mit dekorativer Malerei erwor-
benes Vermögen; mit dem aufkommenden Klassizismus konnte er
nichts anfangen, so daß er mit den Jahren in Armut und Verges-
senheit sank.

Es gibt keinen »duftigeren« Maler als Fragonard, dessen Sujets
das Vergnügen, die Liebeslust, der Genuß des leichten, unbe-
schwerten Lebens waren: Zusammen mit Boucher und Watteau
gehört er zum Triumvirat der Meister des französischen Rokoko.
Doch setzte er durchaus eigene Akzente – ein Fragonard-Gemäl-
de ist leicht von einem Boucher oder Watteau zu unterscheiden.
Und zwar durch die lockere, flockige, »duftige« Malweise, die
der Künstler in Venedig bei Giovanni Battista Tiepolo kennengelernt hatte. So wirken seine Bilder auch weniger »porzellanhaft«
und kühl wie oft bei Boucher, eher schon impressionistisch. Seine
Porträts zeigen »lebendige« Frauen, denen das Stilisierte und

JEAN-HONORÉ FRAGONARD
(1732–1806)
Lesendes Mädchen, ca. 1776
NATIONAL GALLERY OF ART.
WASHINGTON, USA

nicht selten Gekünstelte der Zeit fehlt und die jeder Typologie ihren ganz eigenen Charakter entgegensetzen.

Auch *Die Studie* zeigt eine Leserin, wenn auch eine ganz andere. Sie ist nicht versunken in ihrer Lektüre, sie bietet das Gelesene an wie in der Auslage eines Juweliers. Ihre linke Hand blättert die Seite des aufgeschlagenen, mit Rotschnitt versehenen Buches in einer ausladenden, theatralischen Geste um; die rechte Hand fächert die Seiten auf, als wolle sie ihr Volumen demonstrieren, der Unterarm ist auf einen kleinen Bücherstapel gestützt. Der »schöne« Blick der Lesenden ist nicht auf den Betrachter gerichtet, auch nicht auf das Buch, sondern zur Seite, ein wenig gedankenverloren. Der leicht nach vorn gebeugte Oberkörper betont das Dekolleté, gibt der Figur aber — ebenso wie die geneigte Haltung des Kopfes — auch Bewegung und einen gewissen Schwung.

JEAN-HONORÉ FRAGONARD
(1732–1806)
Die Studie, ca. 1769
LOUVRE, PARIS, FRANKREICH

Das Bild mit dem Originaltitel *Reading Aloud* zeigt eine Vorlese-rin mit ihren beiden Freundinnen. Sie liegt auf feinsten, teilwei-se transparenten Stoffen drapiert, den Kopf in ein großes, bauschiges Kissen gebettet, flankiert von den Zuhörerinnen, die ihr mit verson-nenem Gesichtsausdruck lauschen. Alle drei Frauen tragen fließende, apricotfarbene Gewänder, die beiden Zuhörerinnen überdies auber-ginefarbene Ärmel, als seien sie im Partnerlook gewandet. Eine schwel-gerische Leseszene in – wie so oft bei Moore – antikem Ambiente.

Die Leserin finden wir übrigens in identischer Haltung auf dem ebenfalls im Jahr 1884 entstandenen Gemälde *Rote Beeren* (Seite 30), hier allerdings allein, nur in Begleitung von zwei Vasen mit roten Bee-ren, die vor ihr auf einem länglichen Tisch stehen. Da sie hier nicht vorliest, sind die Lippen – anders als auf dem Bild *Reading Aloud* – geschlossen. Das Dekor aber ist ähnlich schwelgerisch, bis hin zu den floralen Mustern von Kissen, Decke, Vorhang und Wand. Und hier ist die Lesende mit eben der Decke zugedeckt, die auf dem anderen Bild die rechts lagernde und den Kopf aufstützende Freundin sich über die Knie gelegt hat.

Fast wirken diese beiden großformatigen Bilder wie zwei Mo-mentaufnahmen in ein und demselben Raum: Erst wird allein gele-sen, dann wird vorgelesen. Die Pose der Lesenden ist quasi unverän-dert, als sei sie geradezu typologisch. Und in der Tat hat die Lesende für sich eine perfekte Form gefunden, das Buch zu halten. Für sie macht es keinen Unterschied, ob sie still zu ihrem eigenen Vergnügen liest oder den Freundinnen ein Kapitel aus ihrem Buch vorliest.

Beide Bilder sind großartige Meisterwerke des Ästhetizismus; sie dokumentieren die lebenslange Sehnsucht des Malers nach stilisti-scher Vollkommenheit. Albert Joseph Moore (1841-1893) war einer der bemerkenswertesten Künstler des neunzehnten Jahrhunderts. Auf der Suche nach dem zeitlosen Geheimnis der ästhetischen Perfektion und der idealen Schönheit schuf er zahlreiche gefeierte Ikonen der viktorianischen Ära. In einer Reihe von exquisit ausgeführten Ge-mälden gab er seinen weiblichen Figuren nicht nur eine makellose Körperlichkeit, sondern eine geradezu ätherische *Beauté*.

Der leidenschaftliche und wagemutige Verfechter abstrakter

FOLGENDE DOPPELSEITE:
ALBERT JOSEPH MOORE
(1841–1893)
Reading Aloud, 1884
ART GALLERY AND MUSEUM,
KELVINGROVE, GLASGOW,
GROSSBRITANNIEN

Schönheit, der die ästhetischen Herausforderungen der Moderne vorwegnahm, führte in seinem Haus in Holland Park in London einen bohèmehaften Lebensstil, doch es waren seine Italienreisen, die Moore auf die Spur antiker Sujets brachten, inspiriert von mediterraner Mythologie. Mit diesen Themen spezialisierte er sich auf zumeist in fließende Stoffe gehüllte oder durchsichtig bekleidete weibliche Figuren in stilisierten Posen und Ensembles. Kein anderer Künstler konnte Gewänder und Faltenwürfe genauer und detailverliebter auf die Leinwand bringen, mit einer Transparenz, die den Bildern eine fluidale Wirkung verleiht. Frauen in antiker Gewandung, müde hingebettet auf Sofas und Liegen, schlafend und träumend, in Sommernächten und im Rausch von Anemonen, Jasmin, Rosen, Akazien, Orangenblüten. Wie hingegossen, von traumwandlerischer Anmut.

Diese Bilder bieten keine Aussagen, keine Erzählungen, sie huldigen allein der Schönheit, frieren Augenblicke klassischer Sujets ein in kostbaren Arrangements dekorativer Figuren, Muster und Farben. Sie versuchen nicht, das antike Leben zu rekonstruieren und zu überhöhen, wie es Moores Malerkollege Lawrence Alma-Tadema tat. In dieser künstlerischen Welt ganz eigener Schöpfungen erfährt das weibliche Wesen eine schönheitstrunkene Imprägnierung.

Das Bild *Eine Lesende* im Hochformat, das Moore besonders schätzte, zeigt eine ganz klassische Haltung unserer schon bekannten Leserin – die Farben des Gewandes korrepondieren wiederum aufs feinste mit den Mustern der Tapete und dem kleinen Teppich, der zu ihren Füßen liegt, auf dem sie allerdings nicht steht.

Eine andere Lesende hat Moore in seiner *Studie einer weiblichen Figur* porträtiert, auch sie in einem antiken Gewand; gleichwohl wirkt diese Frau »alltäglicher«, weniger in Szene gesetzt. Wobei das Unfertige, Skizzierte der Studie mehr Bewegung ins Bild bringt als in den fein ausgemalten, in jeder Hinsicht vollendeten Gemälden.

ALBERT JOSEPH MOORE
Studie einer weiblichen Figur
PRIVATSAMMLUNG

BILD LINKS:
ALBERT JOSEPH MOORE
Eine Lesende, 1877
MANCHESTER CITY ART GALLERY,
GROSSBRITANNIEN

SIR EDWARD BURNE-JONES
(1833—1898)
Porträt der Katie Lewis, 1886
PRIVATSAMMLUNG

Zwei Kissen rahmen die lesende Katie Lewis ein, und ihr apricot-goldener Stoff findet sich auch auf der Liege und auf dem hinter ihr drapierten Vorhang, welcher der Szene etwas von einer Bühne gibt. Das illustrierte Buch, in das sie vertieft ist, ruft keine wahrnehmbaren Reaktionen hervor. Langes, fülliges Haar fällt auf ihre Schultern, sie hat ein schwarzgrünes, samtglänzendes Kleid und dazu passende Strümpfe an. Ein kleiner Hund hat es sich in einer Ecke der Liege bequem gemacht, er bettet seinen Kopf auf die Unterschenkel der Leserin. Und sogar eine farblich passende Orange hat der Maler ins Bild gesetzt.

Die Haltung der Leserin ist jedoch ungewöhnlich: Katie Lewis hat sich halb auf die Seite, halb auf den Bauch gelegt, die Füße übergeschlagen, den Kopf in die rechte Hand gestützt. Was den Eindruck der Selbstvergessenheit und des Nur-Sich-Selbst-Gehörens hervorruft. Von nichts und niemanden läßt Katie Lewis sich stören, und wenn sie dem Maler Modell saß bzw. lag, ist ihr das nicht anzumerken. Sie scheint alles um sich herum vergessen zu haben.

Der britische Maler Edward Burne-Jones (1833-1898) gilt – nach seiner Wiederentdeckung in den siebziger Jahren – heute als einer der bedeutendsten Künstler des neunzehnten Jahrhunderts. Er gehörte zur Gruppe der Präraffeliten und arbeitete eng mit William Morris zusammen, war also auch im Bereich Textildesign, Glasmalerei, Buchschmuck, Keramik und Kunsthandwerk tätig.

Das Bild *Mädchen mit Buch und Rosen* ist anders als das Porträt der Katie Lewis ein klassisches präraffelitisches Tableau. Die Komposition aus Halbrund und Mittelachse schafft zusammen mit dem schmucklosen, gegürteten Kleid (dessen blutrotes Innenfutter die umgeschlagenen Ärmel erkennen lassen) und der blassen Hautfarbe einen Eindruck von Strenge und Entrücktheit, den jedoch das aufgeschlagene, in der rechten Hand gehaltene Buch und der Hintergrund mit den verschwenderisch blühenden Rosen abmildern.

Obwohl Unterkörper und Füße nicht sichtbar sind, wird durch die aufrechte Haltung und den ordnenden Griff an den Gürtel deutlich, daß die Leserin durch einen Garten schreitet. Sie hält einen Moment inne, möglicherweise, um über das Gelesene nachzudenken oder um auf den vor ihr liegenden Weg zu achten. Vielleicht ist sie auch von ihrem Sitz aufgestanden, und das Rosengebüsch war ein Refugium, aus dem sie nun wieder aufbricht in die alltägliche Welt. Ihr Blick jedoch verrät, daß sie das Gelesene noch immer beschäftigt.

SIR EDWARD BURNE-JONES
(1833 – 1898)
Mädchen mit Buch und Rosen
THE MAAS GALLERY, LONDON,
GROSSBRITANNIEN

Mehr als fünfzehn Jahre ist es her, seit ich dieses Bild auf dem Umschlag des Buches *Die Romanleserin* von Pearl Abraham entdeckte und es mich sofort ansprach. Warum, vermag ich nicht einmal zu sagen; ich empfand es einfach als ungewöhnlich. Und es war meine erste Begegnung mit dem Maler dieses Bildes, Ramón Casas y Carbó (1866-1932), von dem ich damals nicht wußte, daß er einer der bedeutendsten spanischen Künstler des zwanzigsten Jahrhunderts war und daß er mit seiner Malerei und Grafik die katalanische Kultur entscheidend geprägt hatte.

Ich sah nur dieses Bild, das so gar nicht dem Titel des Buches zu entsprechen schien. Und tatsächlich ist es mit *Nach dem Ball* betitelt, was die Situation dieser Frau mit einem Schlag erhellt. Kein Überdruß an der Lektüre läßt sie hier ermattet auf das grüne Sofa und in die riesigen grünen Kissen sinken, sondern die Vergnügungen eines Balls haben sie erschöpft. Stundenlang hat sie geplaudert, getanzt, getrunken, geflirtet – nun ist sie endlich wieder zu Hause und hat sich hingelegt, ohne sich umgezogen oder auch nur die Stola abgelegt zu haben. Nicht einmal die Schuhe hat sie abgestreift. Mit noch erhitzten Wangen und müden Augen, die hochgesteckte Frisur schon etwas in Mitleidenschaft gezogen, liegt sie da. Wie lange schon, wie lange noch? Die Minuten verrinnen in einer Art Zwischenzeit …

Möglicherweise hat sie den Gedanken gehabt: Noch ein bißchen lesen und abschalten von all dem Trubel. Und sich ein Buch gegriffen. Doch zum Lesen kommt sie nicht, zu laut klingt noch die Musik in ihr nach, sie hat noch keinen Abstand gefunden. Schlaff stützt sie den rechten Arm um eines der großen Kissen und läßt den linken Arm über die Kante der bequem hergerichteten Liege hängen, als sei ihr jetzt die kleinste Bewegung zuviel. Selbst die, tatsächlich einen Blick in das Buch zu werfen.

Daß sie aber selbst in diesem Zustand der Erschöpfung den Gedanken an Lektüre als erfrischend erlebt, weist sie als notorische und vermutlich geübte Leserin aus. Sie weiß einfach, was sie von ihren Lieblingsbüchern zu erwarten hat. Und auch ihr Maler wußte es, er kannte die Frauen der Barceloneser Gesellschaft in allen ihren Stimmungen, Launen und Leidenschaften. Inspirationen hatte Carbó sich auch in Madrid, Granada und Paris geholt; er hatte an verschiedenen Akademien studiert, ausgedehnte Reisen unternommen, bevor er sich als Porträtist der intellektuellen, gesellschaftlichen und politischen Prominenz von Barcelona einen Namen machte.

Der Symbolismus prägte die Kunst der Epoche, doch Carbó wandte sich auch sozialen Themen und dem Volksleben zu. Frauenporträts waren seine Spezialität. Carbó war ein eminent geselliger Maler, kein Einzelgänger oder Außenseiter der kulturellen Szene, sondern ein Fixpunkt. Er verstand es, künstlerische Richtungen zusammenzufassen, verschiedene Künstler zusammenzubringen – nicht zuletzt in der katalanischen Bewegung des *Modernisme* – und Künstlertreffs zu moderieren. 1897 war er beteiligt an der Eröffnung des Café Els Quatre Gats, das sich zu einem wichtigen Künstlertreff entwickelte und in dem auch eine gleichnamige Zeitschrift gegründet wurde, in welcher Carbó einen großen Teil seines zeichnerischen Werkes veröffentlichte.

Der *Modernisme*, die Ende des neunzehnten Jahrhunderts einsetzende katalanische Variante des Jugendstils, war nicht nur Ausdruck einer Rebellion gegen die geraden Linien der Industriegesellschaft; er bot mit seinen dekorativ-überbordenden Entwürfen vor allem dem Lebensgefühl des aufstrebenden Bürgertums von Barcelona einen ästhetischen Rahmen, ein wirksames Mittel zur öffentlichen Selbstinszenierung.

Carbós Markenzeichen war die reduzierte Farbpalette. Im Gemälde *Nach dem Ball* sind es nicht Grautöne, die das Bild beherrschen, sondern ein die ganze Szenerie umrahmendes Grün und das Schwarz der Kleidung der Ballbesucherin. In diesem nahezu duochromen Farbenspiel fällt das Leuchten des Gesichts, der Hand und des gelben Buches besonders auf. Und genau das ist die Wirkung, die Carbó beabsichtigte: Er erzählt in seinem Bild keine glückliche oder innige Lesegeschichte, er verweist nur auf die Möglichkeit der Lektüre, auf die kleine Verheißung, zu der jede Frau zu fast jeder Zeit greifen kann.

RAMÓN CASAS Y CARBÓ
(1866–1932)
Nach dem Ball, 1895
MUSEO DE LA ABADIA,
MONTSERRAT, SPANIEN

SIR EDWARD JOHN POYNTER
(1836–1919)
Tagtraum
PRIVATSAMMLUNG

Manchmal, o glücklicher Augenblick, bist du in ein Buch so vertieft, daß du in ihm versinkst – du bist gar nicht mehr da. Herz und Lunge arbeiten, dein Körper verrichtet gleichmäßig seine innere Fabrikarbeit, – du fühlst ihn nicht. Du fühlst dich nicht. Nichts weißt du von der Welt um dich herum, du hörst nichts, du siehst nichts, du liest. Du bist im Banne eines Buches.

— KURT TUCHOLSKY

Wann immer ich zu lesen anfange, vergesse ich, daß ich auf der Welt bin.

— ANZIA YEZIERSKA

Gut lesen, das heißt langsam, tief, rück- und vorsichtig, mit Hintergedanken, mit offen gelassenen Türen, mit zarten Fingern und Augen lesen.

— FRIEDRICH NIETZSCHE

Lesen ist ein freier Traum.

— JEAN-PAUL SARTRE

ZWEITES KAPITEL

Augenblicke der Versunkenheit

Von den schönen Momenten, die nur ihr gehören

Lesende Frauen können sich bei der Lektüre verlieren und vergessen, finden und neu erfinden. Die Selbstversunkenheit, die Fähigkeit, ganz selbst, ganz bei sich zu sein und doch zugleich außerhalb seiner selbst, ist dafür geradezu eine Voraussetzung.

Bilder von Frauen, die tief in ihre Bücher versunken sind, wecken unweigerlich Reminiszenzen an eigene Lektüreerfahrungen und -erlebnisse. Wenn wir solche Bilder betrachten und durch dieses Kapitel gehen wie durch ein Museum, überkommt uns eine große Ruhe. Wir spüren, daß wir verzaubert und von ihrer Anmut gefangengenommen werden. Jenseits der Schönheit, die sie ausstrahlen und die in ihnen selbst zu ruhen scheint, sind sie zugleich Ausdruck einer wichtigen, unausgesprochenen kulturellen Idee – sie verbirgt sich in den kostbaren Interieurs, den wunderbaren Stoffen, der angenehmen und komfortablen Umgebung, welche die Muße der Lektüre nur noch unterstreicht. Die Leserin selbst gibt sich ihrem Buch hin, sie ist eins mit ihrer Welt.

JOHN STANTON WARD
(1917–2007)
Porträt einer Frau, sitzend auf einem Sofa
PRIVATSAMMLUNG

GUY ROSE
(1867–1925)
Marguerite, ca. 1908–1910
BOWERS MUSEUM OF CULTURAL ART

CHARLES JOSUAH CHAPLIN

(1825—1891)

Der Traum, 1857

MUSÉE DES BEAUX-ARTS,

MARSEILLE, FRANKREICH

DIE TRÄUMENDE

Wüßten wir es nicht besser, könnten wir dieses Bild für ein Spätwerk der Rokokomalerei halten, so duftig sind die Farben gesetzt. Und tatsächlich war Charles Josuah Chaplin (1825-1891) derjenige Maler, der die Boudoirtradition von François Boucher am wirkungsvollsten fortsetzte. Er malte zwar anfangs Landschaften, in der Art seines Lehrers Martin Drolling, und fand als Kupferstecher seine Sujets oft in den Werken von Peter Paul Rubens und Jean-Antoine Watteau, hatte aber durchaus auch eigene Ideen, die er jedoch stets in der Manier alter Meister umsetzte.

Das Oval gibt dem Bild die Form eines Schlüssellochs. Und tatsächlich wird der Betrachter in die Rolle des heimlichen Beobachters gedrängt, zumal er einen geradezu intimen Blick auf eine schlafende Frau richtet. Sie hat gelesen in ihrem kleinen Buch, die linke Hand hält die Seiten fest, die rechte ist erschlafft und liegt müde im Schoß. Der Kopf ist zur Seite gesunken und findet Halt an der Wand. Ist sie müde vom Lesen? Versunken in einen Traum, den sie lesend begonnen hat und der sie nun in den süßen Schlummer sinken läßt, in der die wunderbare Phantasie das durcheinanderwirbeln läßt, was sie zuvor lesend aufgenommen hat?

Jedenfalls kam es Chaplin darauf an, seine Traumschöne gleichsam in einer besonders exquisiten Situation zu zeigen, just in dem Moment, wo sie die Augen schließt und sich dem Nachhall ihrer Gedanken und Gefühle hingibt.

Was für ein biedermeierlicher Titel! Klingt er nicht wie eine einzige Verheißung stillen Leseglücks? Doch, Vorsicht! Wir müssen schon genau hinschauen, denn es könnte sein, daß nicht das Buch und damit das Gelesene die Träume dieses Mädchens heraufbeschwört, sondern daß sie nur Auslöser sind, sich in Gedanken und Gefühlen zu verlieren. Die graue Wand, der über den Kopf gezogene und mit einer unnachahmlich schönen Bewegung der rechten Hand vor dem Hals zusammengeraffte Schleier, aber auch das sich eine Spur neigende, fast zu schwer wiegende Buch in der linken Hand könnten Indizien sein, daß sich das Mädchen nicht zuhause aufhält, sondern vielleicht in einer Kirche. Und daß es kein Roman ist, den sie in der Hand hält, sondern – wenn man sich das Satzbild genau anschaut – möglicherweise ein Gesangbuch. Und auch wenn es trotz der feinen schwarzen Spitze keine Trauernde ist, so ist der Gesichtsausdruck dieser sehr jungen und ein wenig gebeugt darstehenden Frau doch ungemein ernst, gesammelt und weit entfernt von schwärmerischer Träumerei.

In Träumen versunken, mit diesem scheuen, anrührenden Blick, das gibt dem Mädchen etwas sehr Stilles, Scheues, Fragiles. Es weckt den Beschützerinstinkt, als sei ihr etwas zugestoßen, als müsse man sie trösten oder doch zumindest Anteil nehmen an dem, was ihr widerfahren ist. Und als wolle man den Schatten vertreiben, der sich über die rechte Hälfte ihres Gesichts gelegt hat.

Doch gleich, wie man dieses Bild interpretiert, dieser zur Seite gehende Blick, der in unbestimmte Ferne gerichtet ist, als suche er einen Haltepunkt, gibt dem Mädchen eine Intensität, in der Pose nichts, authentischer Ausdruck des seelischen Erlebens alles ist.

Friedrich Ritter von Amerling (1803-1887) gilt neben Ferdinand Georg Waldmüller als der beliebteste österreichische Porträtmaler des neunzehnten Jahrhunderts. Er verstand sich auf elegante Zeichnung und oft prächtige Farbigkeit ebenso wie auf exotische Arrangements und seelenvolle Gemütsschilderung. Sein Bild ist ein beredtes Zeugnis für Amerlings Meisterschaft, Menschen nicht nur abzubilden und in dekorative Interieurs zu stellen, sondern das zum Ausdruck zu bringen, was sie fühlen und denken und sind.

FRIEDRICH VON AMERLING
(1803–1887)
In Träumen versunken, ca. 1835
LIECHTENSTEIN MUSEUM, DIE FÜRSTLICHEN
SAMMLUNGEN, WIEN, ÖSTERREICH

Versunken in ihre Lektüre ist auch diese Frau. Doch es ist nicht der Garten, nicht ein Boudoir, keine stille Ecke in ihrer Wohnung – sie liest in unverkennbar »männlicher« Umgebung. Der Titel des Bildes – *Warten auf den Künstler* – verrät auch, daß sie das kleine Buch (übrigens das einzige in diesem Raum) kaum mitgebracht hat, um sich das Warten zu verkürzen. Sie hat es auf dem Tisch entdeckt, mitten in dem nachlässigen Durcheinander von achtlos auf den Boden geworfenen Kleidungsstücken, Zeitungen und Zeichnungen, von Malutensilien und einem Blumensträußchen, das sie vielleicht mitgebracht und in eine kleine Vase gestellt hat. Dann hat sie sich auf den Stuhl gesetzt und neugierig zu lesen begonnen.

Wir dürfen annehmen, daß die Frau mit dem Maler nicht näher bekannt ist, sonst hätte sie ihre Straßenkleidung abgelegt und es sich gemütlich gemacht. Vielleicht will sie sich malen lassen, und der Künstler läßt sie in seiner kargen Stube warten, weil er noch Farben oder Leinwände kaufen muß. Oder weil er einfach unpünktlich und schlampig ist, wie Bohemiens nun mal sind. Er hat sie um zehn oder elf Uhr bestellt, und die Standuhr gibt die präzise Zeit an. Wie auch immer, dieses Büchlein hat die Aufmerksamkeit der Wartenden gefesselt, sie hat es aufgeschlagen und sich in die Lektüre vertieft. Ein Kleinoktav, vielleicht auch ein Notizbuch. Und eigentlich interessiert es sie schon nicht mehr, ob der Maler nun bald kommt oder nicht.

In diesem Bild lesen wir etwas von der magischen Anziehungskraft der Bücher auf Frauen. Es ist ein Genrebild, der Künstler nicht weiter bedeutsam, obwohl das Gemälde eine besondere Sorgfalt in der Erfassung und detailgenauen Gestaltung der Szene erkennen läßt. Ein feines Lächeln liegt auf den Lippen der Lesenden – und auch wir spüren etwas von der Attraktivität, die von allem Gedruckten ausgeht.

GEORGE WINCHESTER
(1814 – 1866)
Warten auf den Künstler, 1859
PRIVATSAMMLUNG

HENRI JEAN FANTIN-LATOUR
(1836–1904)
Die Leserin, 1861
MUSÉE D'ORSAY, PARIS, FRANKREICH

DIE LESENDE SCHWESTER

Nicht nur einmal hat Henri Jean Fantin-Latour (1836–1904) seine Schwester Marie gemalt: Die Bilder aus den Jahren 1861 (*Die Leserin*) und 1863 (*Lesen*) zeigen sie beide bei der Lektüre. Es muß wohl ihre Lieblingsbeschäftigung gewesen sein, sonst wäre ihr Bruder Henri davon nicht so fasziniert gewesen. Vielleicht fiel sie ihm aber auch nur auf, *wie* sie las, möglicherweise saß sie ihm so auf besonders stille und konzentrierte Weise Modell. Doch obwohl die beiden Bilder im Abstand von zwei Jahren entstanden, weisen sie eine große Ähnlichkeit auf.

Die Leserin zeigt Marie in einem roten Sessel. Auf den Tischchen neben sich liegen einige Bücher gestapelt, Broschuren, eine in Frankreich bevorzugte Bindeart, das oberste Buch ziemlich schiefgelesen.

HENRI JEAN FANTIN-LATOUR
Lesen, 1863
MUSÉE DES BEAUX-ARTS, TOURNAI,
BELGIEN

Schlicht gekleidet ist Marie, ein schwarzes Kattunkleid über einer weißen Bluse, hoch geschlossen, ein schwarzes Band im Haar. Sie wirkt wie eine Nonne, und wie ein Gebetbuch hält sie auch das Buch in der linken Hand, die sie mit der rechten abstützt. Ihr Blick ist gesammelt, ernst, fast ein wenig düster. Still nimmt sie das Gelesene auf, ohne sichtbare Gemütsregung oder Emotion. Sie ist von dem, was sie da liest, nicht entzückt, verstört, beeindruckt, angetan oder mitgerissen. Das Buch ist ihr ein wirkliches Gegenüber, und nichts weist darauf hin, welche seelische oder rationale Wirkung das Buch auf sie hat.

Das zwei Jahre später entstandene Bild *Lesen* zeigt Marie in noch düstererer Umgebung. Wieder die Kleidung hochgeschlossen, eine dunkle Jacke über einem dunklen Kleid, eine nicht sehr schmückende Brosche. Der Blick in das Buch ist sehr ähnlich, die Haltung der Hände nur wenig variiert. Ein wahrnehmbarer Hintergrund ist nicht zu erkennen, nur daß die Leserin auf einem Stuhl sitzt, nicht mehr auf einem bequemen Sofa.

Auch auf diesem Bild ist die Atmosphäre klösterlich, von allem Überflüssigen, Manierierten befreit. Es ist die stille Stunde der Andacht, die dem Buch bereitet wird. Der schlichte Titel zu diesem Bild sagt es uns unmißverständlich: Lesen ist die von allem gereinigte Aufmerksamkeit für die Gedanken eines anderen Menschen.

DER BLICK AUS DEM FENSTER

Das Fenster ist weit geöffnet, sie hat sich auf einen Stuhl gesetzt, nicht sehr bequem, jedoch einen Arm auf das Geländer und den Kopf in die Hand gestützt, um den Blick hinausschweifen zu lassen. Gerade noch hat sie gelesen, doch dann hat irgendein Gedanke, irgendein Gefühl die Lektüre unterbrochen, und nun versinkt auch diese Leserin in einem Tagtraum. Das Gelesene hat sich festgesetzt, bestimmt ihre Gedanken, sie läßt sich treiben, obwohl nichts an ihrer Haltung auf dem Stuhl sich verändert. Nur der Blick aus dem Fenster, der merkwürdig blicklos ist, nicht beobachtend, sondern nach innen gerichtet, als sei draußen eine Leinwand, auf die sich projizieren läßt.

HANS OLAF HEYERDAHL
(1857–1913)
Am Fenster, 1881
NASJONALGALLERIET, OSLO,
NORWEGEN

Der in Norwegen geborene Maler Hans Heyerdahl (1857–1913) hatte die Kunstschule in Oslo und die Akademie der Bildenden Künste in München besucht, bevor er als Maler reüssierte und von verschiedenen Akademien mit Preisen ausgezeichnet wurde. 1878 wurde ihm in Paris auf der Weltausstellung sogar eine Goldmedaille verliehen, was ihn dazu veranlaßte, in der Seinestadt zu bleiben und sich unter anderem bei Léon Bonnat weiterzubilden, der ihn in die Geheimnisse der *Plein air*-Malerei einweihte.

Heyerdahl gilt – neben Edvard Munch – als wichtigster Vertreter des norwegischen Realismus. Das Bild *Am Fenster* verbindet die realistische Sicht- und Malweise mit einem zugleich psychologisch fein gezeichneten Porträt der unbekannten Schönen, die ihr Buch für einen Augenblick sinken läßt, um der Wirkung des Gelesenen nachzuspüren.

DIE STILLEN INTERIEURS

Auf Peter Vilhelm Ilsteds (1861–1933) Bildern blicken wir in die Kopenhagener Interieurs der Jahrhundertwende, in eine stille Welt, die keine Einflüsse von außerhalb zu stören oder gar trüben vermögen: Ruhe und Ordnung, Zufriedenheit mit Heim und Familie und die Verschlossenheit gegenüber jeglichen politischen und sozialen Turbulenzen kennzeichnen die Themen seiner Werke. Ilsted gehörte zu der Gruppe dänischer Künstler um Vilhelm Hammershoi (deren Schwester er heiratete) und Carl Holsoe, auf deren Bildern Sonnenstrahlen in die Räume fallen, die mit subtilen, oft verwaschenen oder blassen Farben Menschen in leeren oder nur spärlich möblierten Zimmern zeigen: in ihrer ganz persönlichen Ordnung in sich gekehrt, in ihrer unergründlichen Mystik und ihren feinsinnigen Geheimnissen. Szenen eines Alltags, in dem die Zeit stillzustehen scheint.

Tatsächlich konturieren auf diesen Bildern mystisch zu nennende Stimmungen des Lichts noch die feinsten Nuancen der Interieurs, so daß man die Politur der Hölzer fast zu riechen meint – Seherfahrungen, wie man sie zuletzt Jahrhunderte zuvor in der holländischen Malerei, zum Beispiel in den frühen Werken Vermeers, gemacht hatte. Immer wieder fängt Ilsted solche Momente der Versunkenheit ein,

PETER VILHELM ILSTED
(1861–1933)
Lesendes Mädchen, 1901
PRIVATSAMMLUNG

Augenblicke der Abgeschiedenheit, der Weltabkehr (beziehungsweise der Einkehr in die innere Welt), der nüchternen Entrücktheit und der schlichten Solidität. Licht von Lampen und Kerzen legt sich über Wände und Möbel, Schatten wandern durch die Räume und Flure. Ilsteds Gemälde lassen die Zeit gefrieren, sie suchen sie einzufangen in ihrem stillen Verrinnen, rufen ein wehmütiges, nostalgisches Gefühl für all die vergangenen Augenblicke hervor, die niemals wieder zurückkehren werden.

Das Sujet der lesenden Frau paßt perfekt in diese malerische Welt: Das *Mädchen, einen Brief lesend* sitzt wie flüchtig an einen Stuhl gelehnt da, zwei Tische, ein Spiegel, eine nicht sehr üppige Pflanze in ihrem Topf, in Grautönen gestrichene Wände und Türen. In ihrem schlichten Kleid beugt die Leserin sich über den Brief, neigt den Kopf tiefer, als es nötig wäre. Sie braucht zum Lesen das durch das Fenster hereinfallende Sonnenlicht nicht, denn von dem Brief in ihren Händen scheint selbst ein Licht auszugehen, dessen Geheimnis nur sie allein ergründet.

Auch die *Lesende Frau im Kerzenlicht* sitzt in ihrer eigenen Welt, an einem schmalen Tisch, unter einem Spiegel. Eine Art Corona schafft die Flamme, eine strahlende Präsenz, die nur noch unterstreicht, daß auch von dem Buch Erleuchtung auszugehen scheint: Die Lippen der Lesenden sind leicht geöffnet, als würden sie das Gelesene mitsprechen, ja einatmen.

EINE PRÄRAFFAELITISCHE SCHÖNHEIT

Marie Spartali Stillman (1844-1927) war griechischer Herkunft, Tochter eines wohlhabenden Kaufmanns und späteren Generalkonsuls in London. Eine wunderschöne, temperamentvolle und sehr selbstbewußte Frau, die nicht nur präraffaelitischen Malern wie Dante Gabriel Rossetti, Edward Burne-Jones und Ford Madox Brown (der sie auch unterrichtete) Modell saß, sondern sie auch als Muse inspirierte.

Nachdem sie 1871 den amerikanischen Journalisten und Kunstenthusiasten William J. Stillman, der für die Präraffaeliten schwärmte, geheiratet hatte, zog Marie mit ihm wenige Jahre später erst nach

PETER VILHELM ILSTED
(1861–1933)
Lesende Frau im Kerzenlicht, 1908
PRIVATSAMMLUNG

MARIE SPARTALI STILLMAN
(1844–1927)
Beatrice, 1895
DELAWARE ART MUSEUM,
WILMINGTON, USA

Florenz, dann nach Rom, wo ihr Mann Korrespondent für die *Times* war und sie selbst zu malen begann. Ihre bevorzugten Sujets waren literaturhistorische Figuren, vor allem italienischer Provenienz; so schöpfte sie vor allem aus den Werken von Dante, Petrarca und Boccaccio, malte aber auch mediterrane Landschaften.

Kein Wunder, daß Maries eigener Malstil »präraffaelitisch« war, wenn man das so sagen kann, sehr ähnlich dem ihrer großen Vorbilder, denen sie mit ihrer unerschöpflichen Begeisterung, ihrer strahlenden Schönheit und ihrer leidenschaftlichen Mädchenhaftigkeit den Kopf verdreht und deren Herzen sie erobert hatte. Ihre Aquarelle, die sie oft wie kostbare Juwelen einfaßte, bieten oft eine erstaunlich flache und altmodisch wirkende Perspektive, sind aber von erlesener Farbigkeit und nuancenreicher Prägnanz.

Dante Alighieris legendäre Geliebte *Beatrice* wurde von ihr kurzerhand in die Renaissance versetzt, unter einen Rosenbusch, deren Blätter schon dekorativ auf die Brüstung fallen; ein kleines, von ihr selbst gepflückten Blumenbukett hat sie neben sich abgelegt. Auch ihr Blick ist – wie auf so vielen anderen Bildern von lesenden Frauen – nicht auf das prächtig illustrierte Buch gerichtet, sondern in träumerische Ferne. Es ist ein sehnsüchtiger Blick, eine nachdenkliche Pose, die durch die Handhaltung noch unterstrichen wird. Es wirkt, als könne sich Beatrice nicht auf die Lektüre konzentrieren, weil ihre Gedanken immer wieder abschweifen. Rosenbusch und Rosenblätter verweisen auf die Liebe, die unerfüllt bleibt. Das Buch vermag keine Ablenkung zu bieten, im Gegenteil, es scheint die Sehnsüchte seiner Leserin anzufachen.

Auch auf dem Bild *Liebessonette* sind Blumen zu sehen; auch sie wirken wie gerade beiläufig gepflückt, just bevor die Lesende das kleine Buch mit den Liebessonetten entdeckt und sich gleich darin festgelesen hat. Aber es ist kein mythologisches Sujet, sondern eine zeitgenössische Schönheit, die hier porträtiert wird. Der Blick ist konzentriert ins Buch gerichtet, im Hintergrund ist eine Brokattapete zu sehen, sonst nichts – kein Interieur, nur ein Tisch ist angedeutet, auf den die Leserin sich abstützt. Alles ist farblich auf einen grüngoldenen Ton abgestimmt – die Tapete, der Bucheinband, das Kleid der Leserin, der Tisch. Ein Bild stiller Versunkenheit, von dem eine große Ruhe ausgeht.

ALEXANDER MANN
(1853–1908)
Porträt von Helen Gow
PRIVATSAMMLUNG

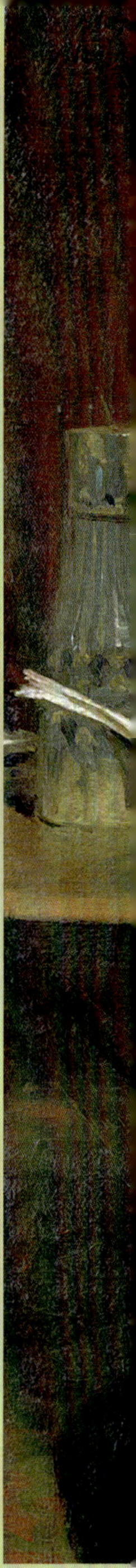

Ich habe selten einmal Zeit zum Träumen
und doch so viele Träume.

— FRANZISKA ZU REVENTLOW

Schon das Wissen, daß uns am Ende eines langen Tages ein gutes Buch erwartet, macht diesen Tag zu einem glücklichen.

— KATHLEEN NORRIS

Ich lasse mein Buch auf dem Tisch dort liegen und lese jeden Morgen ein bißchen, sobald ich erwacht bin, weil ich weiß, daß es mir gut tut und mir durch den Tag hilft.

— LOUISA MAY ALCOTT

Ich kann mich wohl kaum an eine tiefere, allumfassendere Freude erinnern als den Augenblick, wenn ich kurz vor dem Ende des Buches angelangt war: Ich legte das Buch weg, um mir den Schluß für den nächsten Tag aufzuheben, ich schloß die Augen mit dem Gefühl, die Zeit angehalten zu haben.

— ALBERTO MANGUEL

DRITTES KAPITEL

Refugien der Leselust

Von der Lektüre im eigenen Zimmer

Frauen haben ein tiefes Bedürfnis, ihre Wohnung oder zumindest ein eigenes Zimmer so zu gestalten, wie es für sie paßt. Für sie ist der regelmäßige Rückzug in ein privates Reich nötig, um sich zu sammeln und die Ereignisse des Tages zu verarbeiten. Doch wenn sie ein eigenes Reich für sich möchten, in dem sie in Ruhe lesen und arbeiten können, müssen sie es sich schaffen. Und wenn nicht ein eigenes Zimmer, dann zumindest eine kleine Ecke mit persönlichen Gegenständen, ein Refugium, das für sie allein reserviert ist und zu dem nur sie Zutritt haben und niemand sonst. Kaum etwas ist für ihr Wohlbefinden wichtiger als das kleine Muschelhaus, das nur ihnen gehört, ihnen allein.

Gleich wie sie es nennt – mein Refugium, mein Boudoir, meine kleine Höhle – hier kann die Frau meditieren, nachdenken, lesen, die Stille genießen oder einfach nichts tun. Hier läßt sie ihre Erfahrungen Revue passieren, schreibt sie Tagebuch oder macht sich Notizen, nimmt sie sich Zeit, zur Ruhe zu kommen. Sie mag es, am Abend für eine gewisse Zeit unabkömmlich zu sein, sie wünscht sich, daß man ihr Be-

dürfnis nach Zurückgezogensein respektiert. Sie liebt diese Minuten, diese Stunden des Gelöstseins und der Gelassenheit. Manchmal liegt sie mit geschlossenen Augen auf dem Sofa. Der Tag zieht an ihr vorüber. Pläne für morgen gehen ihr durch den Kopf. Oder sie verliert sich einfach nur in einen geliebten Tagtraum ... Und greift nach einem Buch ...

HUBERT SALENTIN
(1822–1910)
Erholung nach der täglichen Arbeit
JOSEF MENSING GALERIE,
HAMM-RHYNERN, DEUTSCHLAND

ASTA NOERREGARD
(1853 – 1933)
Lesende Frau, um 1889
PRIVATSAMMLUNG

LESEN AM FENSTER

D irekt am Seeufer steht dieses Haus, vor dem weit geöffneten Fenster ist der Strand zu erkennen, ein Kahn am Ufer, Boote segeln auf dem Wasser. Ein frischer Wind weht herein, bauscht den feinen Stoff, der kein Fenstervorhang ist, sondern ein den großen Erker vom Rest des Raums trennender Volant. Rustikale Tontöpfe mit Blumen und Pflanzenstöcken verschaffen uns ebenso wie die rundum angebrachte Holzvertäfelung und die niedrige Raumhöhe Gewißheit, daß wir den Blick in ein Sommerhaus tun.

Dies ist wirklich ein Refugium für die Lesende, die auf der breiten Bank sitzt, einen Hund zu ihren Füßen, der sie auffordernd anblickt und nicht zu verstehen scheint, daß seine Herrin sich lieber in ein Buch vertieft, als mit ihm zu spielen. Und tatsächlich hat die bildhübsche Leserin keinen Blick für ihren kleinen Begleiter oder für die schöne Aussicht, die sich ihr bietet. An diesem friedlichen Nachmittag, an dem das Licht der schon untergehenden Sonne weich wird, aber noch genug Helligkeit spendet, gilt ihre ganze Aufmerksamkeit der Geschichte, die sie liest.

Bis auf den Teppich mit seinen kräftigen Farben ist alles in weiches Pastell getaucht, flirrend und übersüß fast, schöner, als man es zu ertragen meint. Ein Genrebild, das sich an der Grenze zum Kitsch bewegt, sie womöglich auch überschreitet – aber was sollen solche Bewertungen angesichts der Verklärung, die der Lesenden und ihrer Lektüre widerfährt …

CHARLES JAMES LEWIS

(1830 – 1892)

Lesen am Fenster

PRIVATSAMMLUNG

Aufregend ist vor allem die Diagonale der Bank und der Blick, den der Maler von oben auf die Lesende richtet. So haben wir eine Perspektive vor uns, die eine ganz eigenartige Dynamik schafft. Die Lesende liegt auf Kissen und Polstern, mit einer Decke gegen die Kühle geschützt. Ein dünner Baumstamm ragt ins Bild, ein paar Blätter. Tiere haben hier ebenfalls ein Ruheplätzchen gefunden: Der Hund schläft auf dem Oberschenkel der Frau, das Kätzchen hat sich in die Armbeuge geschmiegt und die Augen geschlossen.

Die Lesende nimmt die Gegenwart ihrer Tiere ganz selbstverständlich hin. Sie geben ihr Ruhe, ein Gefühl der Ausgeglichenheit, zu dem auch das Lesen beiträgt. Die blaue Bank irgendwo in einer Ecke des Hofes oder Gartens – ein wahres Refugium.

Carl Larsson (1853-1919), der bekannteste und wohl auch beliebteste Maler Schwedens, war nicht nur einer der Begründer des heute als »typisch schwedisch« geltenden Wohnstils, der sich durch Helligkeit, Farbigkeit und lebendige Fröhlichkeit auszeichnet. Er zeigte in Gemälden, Aquarellen und Zeichnungen vor allem das idyllische Leben in seinem Haus mit seiner Frau Karin und seinen sieben Kindern (ein achtes starb kurz nach der Geburt). *Lilla Hyttnäs* (etwa: kleine Hütte) war nicht nur so etwas wie ein künstlerischer Mittelpunkt, sondern wurde zu einer Art Familienmuseum, das bis heute originalgetreu erhalten wurde. Wir dürfen also annehmen, daß auch die Lesende auf der Bank zu Larssons Familie gehörte.

CARL LARSSON
(1853 – 1919)
Liegende Frau auf einer Bank, 1913
LOUVRE, PARIS, FRANKREICH

LESEN IM BAD

Zu den großen Ausstattungsmalern seiner Zeit gehört der Belgier Alfred Emile Stevens (1823-1906), der nicht mit dem gleichnamigen britischen Maler verwechselt werden darf. In seiner Frühzeit war er beeinflußt vom Realismus, wie ihn etwa Gustave Courbet repräsentierte. Er war einer der bekanntesten Pariser Künstler der Belle Époque, spezialisiert auf Porträts eleganter und in hinreißende Kleider gewandte Damen, die in Stevens' Atelier und auf seinen Bildern die Bühne für den ganz großen Auftritt bekamen.

Stevens stürzte sich auch selbst in das dekadente Leben der Hautevolée und der Demimonde. Er besaß ein großes handwerkliches Können, das er unter anderem bei Ingres vervollkommnet hatte. Seine opulenten Ölgemälde von Damen aus Adel und bester Gesellschaft verschafften ihm Renommée und glänzende Einkünfte. Genauso liebevoll, wie sich die Maler des Barock den samtigen Umhängen und Halskrausen der Porträtierten annahmen, schwelgte Stevens sozusagen in jedem Volant und jedem spitzenbesetzten Ärmel der von ihm porträtierten Frauen. Aktbilder sind von ihm kaum bekannt, er malte die Damen lieber mit fließenden Gewändern bekleidet.

Auch auf dem Gemälde *Das Bad* liegt die Schöne leicht bekleidet im Wasser – Nacktbaden war zu jener Zeit noch verpönt. Es ist sozusagen ein träumerisches Bad, das sie nimmt, denn die Frau in der metallenen Wanne träumt vor sich hin, während das Wasser allmählich wieder kalt wird. Zuvor jedoch hat sie gelesen, ein Buch liegt aufgeschlagen auf den über einem Stuhl abgelegten Kleidern, und das muß sie in ein bestimmtes Gefühl versetzt oder ihre Gedanken in eine bestimmte Richtung gelenkt haben. Sie hält zwei Rosen in der Hand, zusammen mit dem unwillkürlichen Griff ins Haar ein Hinweis, daß es sich wohl um amouröse Gedanken oder erotische Träume handelt, denen sie sich hingibt …

ALFRED EMILE STEVENS
(1823 – 1906)
Das Bad
MUSÉE D'ORSAY, PARIS, FRANKREICH

ALBERT CHEVALLIER TAYLER
(1862–1925)
Die stille Stunde, 1913
ALFRED EAST GALLERY, KETTERING,
NORTHAMPTONSHIRE, GROSSBRITANNIEN

Das Tagwerk ist vollendet, draußen löst die Dämmerung den Spätnachmittag ab; es wird schon dunkel, so daß man Licht anmachen muß, um etwas lesen zu können. Es ist nach fünf Uhr, das Teeservice steht noch auf dem Tisch. Die Dame des Hauses beachtet es jedoch nicht; sie hat es sich mit einem Kissen im Sessel vor ihrem Sekretär gemütlich gemacht, etwas aus dem Schrankaufsatz hervorgeholt (die Tür steht noch offen) und findet nun endlich Zeit, sich der Lektüre der Zeitung oder von Briefen zu widmen und vielleicht später selbst Korrespondenz zu erledigen.

Albert Chevallier Tayler (1862-1925) war ein britischer Maler des Spätimpressionismus und wichtiger Vertreter der Künstlerkolonie von Newlyn, die während des späten neunzehnten und frühen zwanzigsten Jahrhunderts in Cornwall in Öl- und Aquarellfarben das einfache Leben in den Fischerdörfern darstellte. Der Einfluß der Impressionisten auf Taylers Werk ist ebenso unübersehbar wie sein Faible für romantische Themen und Szenen erkennbar, das über reine Genremalerei hinausging. 1895 zog Tayler wieder nach London und wohnte in der Nähe des Hyde Parks, wo er sich großformatigen Historienbildern zuwandte.

Der Titel des Bildes *Die stille Stunde* ist signifikant: Es besteht kein Zweifel daran, daß der Maler sie als die »glückliche Stunde« für weibliche Lektüre empfindet. Stevens hat es 1913 gemalt, als er wieder in London war und die fröhlichen Zeiten mit anderen Künstlern in Cornwall schon lange hinter ihm lagen. Es gehört zu seinem Spätwerk, und ein mildes Licht der Ruhe und Abgeschiedenheit breitet sich über diese Szene, die der Welt draußen den Rücken kehrt. Wie es auch die Lesende tut, die endlich Zeit für sich selbst und ihre Bedürfnisse gefunden hat.

IM SCHEIN DER LAMPE

Eine schlichte Stube mit einem erkalteten Ofen. Einfaches Mobiliar, ein Tisch, ein Spiegel, zwei Stühle, eine Lampe. Holzfußboden, gekalkte Wände. Es ist Abend, vielleicht steht auch schon die Nacht schwarz vor dem Fenster. Eine Frau sitzt lesend am Tisch, das Licht der Lampe wirft ihren Schatten an die blaugestrichene Wand.

Die norwegische Malerin Harriet Backer (1845-1932) gilt als eine Vorreiterin unter den weiblichen Künstlern, nicht nur in Skandinavien, sondern in ganz Europa. Im Alter von zwölf Jahren zog sie mit ihrer Familie nach Oslo, das damals noch Christiana hieß. Sie lernte Zeichnen und Malen, studierte in Paris und München und fand schon bald ihren eigenen Stil, der zwar vom Impressionismus beeinflußt war, den sie jedoch stark mit Realismus imprägnierte.

In der Wahl ihrer Motive gab die weitgereiste Harriet Backer oft skandinavischen Sujets den Vorzug. Sie war nicht mondän, sondern eher bodenständig, was sich auch in dem Bild *Im Lampenlicht* spiegelt. Die hier dargestellte Frau holt sich mit dem Buch eine Gegenwelt in ihr äußerlich eher karges Leben und ihren wahrscheinlich arbeitserfüllten Alltag. Still und konzentriert sitzt sie auf dem Stuhl und beugt sich über ihr Buch – eine der harten Realität abgerungene Stunde, die nur ihr allein gehört.

HARRIET BACKER
(1845–1933)
Im Lampenlicht, 1890
RAMUS MEYERS SAMLINGER,
BERGEN, NORWEGEN

Auch die Lesende auf dem Bild von Edward John Poynter (1836–1919) findet erst am Abend Zeit und Muße zur Lektüre. Doch anders als auf dem Bild von Harriet Backer blicken wir hier in ein luxuriöses Interieur, wie bei diesem Maler nicht anders zu erwarten.

Immer wieder hat Poynter das Motiv der lesenden Frau gemalt, in unterschiedlichsten Situationen – im bürgerlichen Zuhause ebenso wie im mediterranen Garten (Seite 93). Und stets gelang ihm eine besondere Momentaufnahme, der Ausdruck einer bestimmten Facette weiblicher Sensibilität. Frauen, die sich in ihren Büchern verlieren, um sich selbst zu finden.

Die junge Dame sitzt auf einer bequemen Récamière, eine Lampe spendet Licht, doch es zieht keinen exklusiven Kreis um die Lesende, sondern erhellt den ganzen hohen Raum, dessen verschwenderische Ausstattung uns hier in allen Details präsentiert wird, mit kostbaren Bildern, Vasen und Spiegeln. Daß es sich hier um ein weibliches Refugium handelt, erfahren wir durch den Flügel im offenen Nebenzimmer, durch die Blumen, durch das Service auf dem dekorativen Tisch. Zu den Füßen der schönen Leserin hat es sich ein Kätzchen im Korb bequem gemacht – ein idyllisches Bild vollkommenen Leseglücks.

SIR EDWARD JOHN POYNTER
(1836–1919)
Ein Abend zuhause, 1888
BOURNE GALLERY, RELGATE, SURREY,
GROSSBRITANNIEN

VIERTES KAPITEL

Unter freiem Himmel

Von Frauen, die im Garten und am Meer lesen

Nie mehr habe ich so gelesen wie in diesem langen,
heißen Sommer. Nie mehr war ich so besoffen von
Buchstaben, nie mehr haben Ohren und Stirn so geglüht,
nie mehr hat mein Herz so wild geschlagen, nie mehr
habe ich solche Bilder mit in den Schlaf genommen.
Bücher waren für mich Hinterlassenschaften, in die
ich hineinkriechen konnte.

— GERHARD KÖPF

Jedes Buch ist wie eine Läuterung, hat man es ausgelesen,
fühlt man sich leer, wie eine trockene Muschel am Strand,
die wartet, daß die Flut wieder kommt.

— DAPHNE DU MAURIER

Wenn du ein Gärtchen hast und eine Bibliothek,
so wird dir nichts fehlen.

— MARCUS TULLIUS CICERO

Jede Frau, die liest, ist etwas Besonderes. Sie ist zu bewundern. Und zu beneiden. Denn sie lebt in einer Welt, in der sie ungestörte Ruhe findet und vollkommenes Glück. Sie trägt einen Garten bei sich, in den sie fliehen kann, wann immer es ihr beliebt. Einen Garten, in dem sie Erkenntnis finden, Schönheit genießen und die kleinen Stürme in ihrem Herzen beschwichtigen kann.

Der Garten ist nicht nur ein von Frauen bevorzugter Ort für die Freuden der Lektüre; er ist in einem bedeutungsreichen Sinn zugleich ein Symbol für die Ruhe und Abgeschiedenheit, die das Lesen braucht. Hier blüht und wächst etwas, und hier blühen die Gefühle und wachsen die Gedanken mit jeder Seite, die umgeblättert wird. Die sommerliche Lektüre im Garten, im Park, am Ufer des Flusses oder des Meeres, im Schatten der Bäume, wo auch immer in der Natur, wird so zu einem sinnlichen Erlebnis: der berauschende Duft der Blüten; das Gezwitscher der Vögel, das Rauschen des Wassers oder der Blätter; die Schale Erdbeeren, die bereit steht, der frische Kaffee, der wartet; das Gefühl, ein schönes Buch in Händen zu halten — alle Sinne stellen sich ein auf das große Erleben des Lesens unter freiem Himmel und in aller Freiheit, die es zu schenken vermag.

Auch der Strand ist ein von Frauen bevorzugter Lektüreort. »Das Meer ist die Wiege der Zivilisation, es ist Symbol der Ewigkeit, Urheimat des Lebens und ewiger Mythos«, sagt Elke Heidenreich. »Das Meer ist wie die Leidenschaft, unergründlich, ewig, nie stillstehend.« Der Mond hat Macht über das Meer, er bestimmt die Gezeiten, »die Frauen können bei Vollmond nicht schlafen und ihr Zyklus entspricht seinem Gang. Es hängt alles zusammen, erklärbar und doch seltsam. Der Mond und das Meer — in der französischen Sprache beide, sehr passend, weiblich: *la lune, la mer*. Das Meer und die Frauen — das ist in erster Linie eine unterschwellig erotische Beziehung.«

Unterschwellig wirkt auch die Lektüre am Meer, erzeugt einen charakteristischen Fluß. Es scheint, als sei in der unmittelbaren Nähe des Fluidalen auch das Lesen eine gewisse Erfahrung des Elementaren, als könne man am Ufer, am Strand lesend gar nicht anders, als sich dem Fließen der Gedanken und Gefühle anzuvertrauen, als gebe es auch Gezeiten des Lesens, ewige Rhythmen, die inspirierend wirken.

Das Baden im Meer, sagen Psychologen, ist eine Rückkehr in den Leib der Mutter. Möglicherweise ist es dieses »Mütterliche«, Umfangende, Bergende, das am Meer auf die Psyche der Frau wirkt – phonetisch gibt es zwischen *mer* und *mère* im Französischen ja keinen Unterschied, und der etymologische mag eher gering sein. Jedenfalls ist das Meer für die Frau ein verklärter Ort, wo sie alle ihre geheimen und offenen Sehnsüchte leben kann: Rückzug, Besinnung, Bei-sich-sein, Klärung, Selbstvergessenheit, Trost, Verzauberung. Bücher können dafür wunderbare Begleiter sein.

SIR JOHN LAVERY
(1856–1941)
*Lesendes Mädchen im
roten Kleid, 1887*
PRIVATSAMMLUNG

Am Ufer der Charente, unweit des Port-Bertaud, hat sich die Dame in den Schatten eines Baumes gesetzt, um sich einem Buch zu widmen. Es ist sonnig und friedlich, die kleine Schwimmerin im Fluß stört nicht weiter, andere Passanten sind nicht zu sehen. Der Baum mit seiner mächtigen Krone beherrscht das gesamte Bild, in dem die Lesende wie ein Farbtupfer wirkt. Ein realistisches Bild, das nichts überhöht und inszeniert, sondern einen idyllischen Augenblick so abbildet, wie er sich dem Auge des Malers geöffnet hat.

Gustave Courbet (1819-1877) folgte dem Wunsch seiner Eltern, als er 1837 ein Jura-Studium begann. Doch bald widmete er sich mehr dem Zeichnen und nahm Unterricht, kopierte im Louvre die spanischen und holländischen Meister. Seine Gemälde wurden schließlich von der Kritik begeistert aufgenommen, seine typische, flächige, gleichmäßige Malweise als revolutionäre Technik empfunden. Der Ruf des Malers als wichtigster Vertreter des Realismus in Frankreich festigte sich rasch.

IM ROSENGARTEN

Robert Panitzsch (1879-1949) war ein in Mecklenburg gebürtiger dänischer Maler von aufwendigen Interieurs und Stilleben, dessen Werke in der Berliner Kunstausstellung vertreten waren und heute in Museen in Kopenhagen und Hannover zu sehen sind.

Die Lesende auf seinem Bild *Im Rosengarten* hat sich einen bequemen Stuhl auf die Wiese gestellt, die Beine ausgestreckt und ein Buch zur Hand genommen. Von der verschwenderischen Fülle des Rosengartens, in dem sie sich aufhält, nimmt sie nichts wahr. Es ist Mittagszeit, die Sonne steht hoch, die Rosenblüten sind geöffnet und verströmen einen betäubenden Duft. Was im Haus und hinter der Hecke passiert, interessiert die Leserin nicht. Der Halbschatten, in den sie sich gesetzt hat, schützt sie vor direkten Sonnenstrahlen und lädt zu einem ungetrübten Lesevergnügen ein. So können die Stunden

GUSTAVE COURBET
(1819–1877)
Die Charente am Port-Bertaud, 1862
FITZWILLIAM MUSEUM, UNIVERSITY OF
CAMBRIDGE, GROSSBRITANNIEN

ROBERT PANITZSCH
(1879–1949)
Im Rosengarten
PRIVATSAMMLUNG

vergehen, jenseits jeglichen Alltagstrubels und möglicherweise wartender Verpflichtungen. Was zählt, ist dieses eine Buch, mit dieser
einzigartigen Geschichte.

GARTENLEKTÜRE

Wie in dem Bild *Im Rosengarten* von Robert Panitzsch hat sich
auch die von Peder Severin Kroyer gemalte Lesende einen
bequemen Stuhl in den Garten gestellt, um die Mittagsruhe zur Lektüre der Zeitung zu nutzen. Der Liegestuhl neben ihr ist leer, und
doch ist sie nicht allein, denn ihr Hund hat sich zu ihren Füßen schlafen gelegt. Es ist ein herrlicher Sommertag, ein Busch mit weißen
Rosen blüht mit verschwenderischer Pracht, während die Leserin
den kühlen Schatten sucht. Mit ihrer linken Hand bedeckt sie selbstvergessen die Brust, die Zeitung liegt lässig auf dem übergeschlagenen Oberschenkel. Die Rosen umrahmen die Idylle; der Busch nimmt
massiv die gesamte rechte Hälfte des Bildes ein, und seine Zweige ragen bis an den linken Bildrand, so daß sich der Eindruck ergibt, die
Lesende sei von den Blüten förmlich umschlossen. Was jedoch trügt,

denn die Perspektive ist so gewählt, daß der Busch doch in einiger Entfernung von den Liegestühlen auf der Terrasse steht, mitten auf der Wiese.

Der norwegisch-dänische Maler Peder Severin Kroyer (1851-1909) war Mitglied der Künstlergemeinschaft der Skagenmaler. Seine Ausbildung hatte er in Kopenhagen und Paris, aber auch auf weiten Studienreisen nach Spanien und Italien erhalten. Seine Porträts waren gefragt, doch berühmt wurde er für seine impressionistischen *Plein air*-Gemälde.

Jeden Sommer verbrachte Kroyer in Skagen, wo ihn die Natur in Begeisterung versetzte und er immer wieder neue Sujets fand. Die Gesellschaft der anderen Künstler in der Künstlerkolonie inspirierte ihn zu zahllosen Bildern, die das sorglose Leben der Malerfreunde, ihre Feste, Spaziergänge am Strand und stimmungsvolle Abende im

PEDER SEVERIN KROYER
(1851–1909)
Rosen oder Die Frau des Künstlers im Garten von Skagen
SKAGENS MUSEUMS, DÄNEMARK

Mondschein zeigen. Oft malte er seine Frau – berühmt ist der *Strandspaziergang* mit ihrer Freundin Anne Ancher –, so auch hier, denn die Leserin ist keine andere als Marie, »die Frau des Künstlers«, wie der Bildtitel verrät. Und der so üppig blühende Garten befindet sich am ehemaligen Stadtvogthaus im Skagener Forst, das Peder und Marie Kroyer seit 1894 bewohnten. Nun wissen wir auch, wer gewöhnlich in dem zweiten Liegestuhl saß …

LESEN VOR SPEKTAKULÄRER KULISSE

Das Bild trägt den schlichten Titel *In einem Garten*. Was für eine Untertreibung! Was für ein Understatement! Denn was für ein Garten! Auf dem perfekt gepflegten Rasen hat sich eine Dame in sommerlich weißem und luftigem Kleid in einen Korbstuhl gesetzt, sich ein bequemes Kissen in den Rücken gestopft und sich in ein Buch vertieft. Vor der Sonne schützt sie sich mit einem großen roten Fächer. Für die Natur um sie herum hat sie keinen Blick, weder für das zwitschernde Vögelchen unweit von ihr noch für das spektakuläre mediterrane Szenarium, das Bäume, Büsche, Pflanzenkübel vor einer Felsenwand bieten, die einerseits wie ein Bühnenbild, andererseits wie ein geschützter Raum wirkt. Was sollte diese Leserin in ihrer gespannten Lektüre stören?

Der hochdekorierte Künstler Edward John Poynter (1836-1919), dessen Bilder *Tagtraum* (Seite 48) und *Ein Abend zuhause* (Seite 82) ebenfalls in diesem Buch zu finden sind, schuf mit *In einem Garten* ein Meisterwerk der Genremalerei: perfekt in den Farben, ungewöhnlich in der Komposition, aufmerksamkeitsstark in der Wirkung und mit einem überwältigenden Licht. Die Ruhe und Entspannung, welche die schöne Leserin in diesem Park findet, überträgt sich auf alle, die das Bild betrachten und einen Stich der Sehnsucht in ihrem Herzen spüren.

SIR EDWARD JOHN
POYNTER
(1836–1919)
In einem Garten, 1891
DELAWARE ART MUSEUM,
WILMINGTON, USA

SIR EDWARD JOHN
POYNTER
(1836–1919)
Lesen, 1871
PRIVATSAMMLUNG

EIN GEFÜHL DES GELÖSTSEINS

Schuhwerk, Balustrade und auch das Kleid dieser Lesenden von Sir Edward John Poynter sollen auf das Lebensgefühl der mediterranen Antike hinweisen. Doch ist das Bild ein Anachronismus insofern, als es in der Antike Bücher wie jenes, das die Lesende auf ihrem Oberschenkel balanciert, in dieser gedruckten und gebundenen Form noch gar nicht gab. Die Kulisse der Büsche und Blumen im Hintergrund des Bildes evoziert trotz des Zauns jedenfalls ein Gefühl des Gelöstseins, wie es nur die Natur zu bieten vermag. Und so ist auch dieser Leserin in ihrem Garten die stille Freude an der Lektüre anzusehen (eine Schulter ist entblößt!), obwohl sie mit den unterhalb des Knies verschränkten Händen und dem aufgestellten rechten Fuß eine wahrhaft entspannte Körperhaltung noch nicht gefunden hat.

EINE FESSELNDE LEKTÜRE

Auch diese Frau hält ein kleines rotes Buch in der Hand – doch wie anders ist ihre Haltung als die von Miss Mary Auras, die Sir John Lavery (siehe Seite 108) porträtiert hatte. Die Leserin ist uns namentlich bekannt: Es ist Grace Knewstub, die Frau des Künstlers Sir William Orpen. Sie steht an der steinigen Küste von Howard Bay, und Windböen treiben nicht nur die Wolken am Himmel vor sich her, sondern streifen auch die Lesende, so daß sich ihr Kleid bauscht und sie ihren Hut festhalten muß, damit er nicht davonfliegt.

Fast nichts in diesem Bild ist fein gemalt, alles ist in groben Pinselstrichen festgehalten, die Kieselsteine, der Himmel, sogar das weiße Sommerkleid. Es ist kein ungetrübter Sommertag hier an der Küste, man meint die Kühle zu spüren, die über das Meer heranzieht. Eine fesselnde Lektüre muß es sein, denn Grace läßt sich auch bei dieser prekären Witterung keineswegs aus der Ruhe bringen, sondern stemmt sich tapfer gegen den Wind. Sie hat mit der Lektüre begonnen, sie ist gefesselt, sie kann jetzt nicht aufhören. Möglicherweise ist sie gerade angesichts des Tobens der Elemente in ihrem ureigenen Element: Das Buch läßt sie ganz bei sich sein.

SIR WILLIAM ORPEN
(1878 – 1931)
Grace lesend an Howard Bay, 1871
PRIVATSAMMLUNG

DIE TERRASSE AUF CAPRI

Kann man angesichts einer solch spektakulären Aussicht überhaupt lesen? Muß sich der Blick nichts aufs Meer richten statt ins Buch, auf die Felsen, auf das türkisblaue Wasser, auf weiße Säulen vor verschwimmendem Horizont und sich fesseln lassen von der grandiosen Szenerie, sie sich von dieser Terrasse aus öffnet?

Die Lesende ist davon nicht beeindruckt. Sie hat sich in einen Korbstuhl in den Schatten des Laubendachs gesetzt, das zusammen mit den Säulen wie eine Bühne, wie das Vestibül einer antiken Villa am Meer wirkt. Die Luft ist flirrend, und Blätter, Blumen und Blüten sind mit solchem Überschwang gemalt, daß man meint, den schweren Duft riechen zu können. Doch vom Meer kommt ein sanfter Wind, das Wasser ist leicht gekräuselt, und trotz des sonnigen Wetters mit vermutlich heißen Temperaturen dürfen wir annehmen, daß die lesende Dame auf dieser Schatten spendenden *Terrasse auf Capri* eine höchst angenehme Mußestunde verlebt.

Karl Maria Schuster (1871-1953) war ein Meister liebevoller Details, schönen Kolorits und versierter akademischer Pinselschrift. Er beherrschte stimmungsvolle Interieurs ebenso wie Landschaften, deren Licht- und Schattenspiel er wunderbar wiedergeben konnte. Viele seiner Bilder atmen femininen Charme, über ihnen liegt stets ein leichter Hauch von Parfum. Seit 1903 war er Mitglied des Wiener Künstlerhauses, das ihn 1946 mit dem Goldenen Lorbeer auszeichnete. Sein Terrassenbild mit der Lesenden ist ein Meisterwerk der Genremalerei, dessen Sinn für Proportion und Komposition eine perfekte Kulisse für kulinarisches weibliches Lesen schafft.

KARL MARIA SCHUSTER
(1871–1953)
Die Terrasse auf Capri, 1909
WATERHOUSE AND DODD, LON-
DON, GROSSBRITANNIEN

LAURA KNIGHT
(1877–1970)
Sommerzeit, Cornwall
PRIVATSAMMLUNG

In Lamorna, einem kleinen Ort im englischen Cornwall – nur ein Stückchen weiter westlich liegt Land's End, das Ende des Landes, das Ende der Welt – hatte die englische Malerin Laura Knight (1877-1970) ein Atelier, das sie auch behielt, als sie 1919 nach London ging. Am Ort gab es eine Künstlerkolonie, zu der sie gehörte. Und wer immer die beiden Freundinnen sind, die sie auf dieses Sommerbild bannte – sie verbringen einen wunderbaren Tag am Meer. Und mit Lesen.

Obwohl sie offensichtlich zusammen gehören, scheint jede sich in ihrer eigenen Welt zu befinden. Für das strahlend blaue Meer haben sie keinen Blick; sie wenden ihm den Rücken zu. Interessanter scheinen die Bücher zu sein, die sie mitgebracht haben. Während die rechts Stehende noch in ihr Buch vertieft ist, liegt die Frau links im Bild auf einem Felsen ausgestreckt, schon müde vom Lesen. Sie hat den Kopf aufgestützt und die Augen geschlossen, als wolle sie den süßen Träumen nachhängen, in welche die Lektüre sie versetzt hat. Oder lauscht sie womöglich der Geschichte, welche die Freundin ihr vorliest?

FÜNFTES KAPITEL

Lieblingslektüren

Wie Frauen Bücher in ihr Herz schließen

Ich liebe ein Buch erst dann, wenn ich es mindestens
vier Mal gelesen habe.

— NANCY SPAIN

Entdecken Sie das Glück, in eine Geschichte einzutauchen und etwas von sich selbst darin wiederzufinden!

— ELKE HEIDENREICH

Wenn man ein Buch nicht immer und immer wieder
zu seiner Freude lesen kann, hat es keinen Wert, es
überhaupt zu lesen.

— OSCAR WILDE

WILLIAM M. HAY
(1874 – 1889)
Eine lustige Geschichte
PRIVATSAMMLUNG

Lesen macht glücklich, weil es Mühe bereitet, lautet eine – paradoxe – These von Verhaltensforschern. Das Ergebnis der Anstrengung ist meditative Konzentration, ein verändertes Zeitgefühl und die Überwindung beengender Ich-Grenzen – der *Flow*, wie der prominente Glücksforscher Mihaly Csikszentmihalyi das genannt hat. Gerade weil es nicht leicht ist, sich aus wenigen abstrakten Symbolen ganze Welten zusammenzusetzen, macht Lesen Spaß. »Nur auf Umwegen erreicht man das Glück«, fand Csikszentmihalyi heraus, als er nach gemeinsamen Verhaltensmustern zufriedener Menschen suchte. Seine *Flow*-Theorie: Wenn Menschen konzentriert auf ein Ziel hinarbeiten, sich selbst bestätigen oder Rückmeldungen über ihr Fortkommen erhalten und sich selbst irgendwann vergessen, empfinden sie irgendwann den sogenannten *Flow*, ein glücksbringendes Gefühl. Sie sind mit sich im reinen, sie sind im Fluß.

Lieblingsbücher zu finden, die eine besondere Lust am Lesen, einen hohen *Flow* versprechen, bedarf einer besonderen Lebenskunst: Frauen müssen es gelernt und erfahren haben, nicht nur zu ihrem Vergnügen, sondern sozusagen aus innerem Drang zu lesen. Nur dann gelingt ihnen die Teilhabe an Dingen und Erfahrungen, welche die Grenzen ihres eigenen Lebens überschreiten. Nur dann werden Bücher zu Lieblingen, zu den unverzichtbaren Begleitern durch ein Lektüreleben. Sie bekommen dann so etwas wie eine emotionale Signatur, sie sind Teil des Gefühlslebens. Sie werden ins Herz geschlossen und bewahrt wie ein Schatz.

OTTO SCHOLDERER
(1834–1902)
Letztes Kapitel, 1883
PRIVATSAMMLUNG

PORTRÄT EINES LESENDEN MÄDCHENS

Thomas Sully (1783-1872) wuchs in einer Theaterfamilie auf, folgte jedoch zunächst nicht seinen künstlerischen Neigungen, sondern wurde Versicherungsmakler. Als sein Talent erkannt wurde, studierte er Malerei bei dem bekannten Porträtmaler Gilbert Stuart in Boston, widmete sich dann der Miniaturmalerei und machte sich einen Namen als Porträtmaler.

Sullys kontrastreiche und farbenfrohe Bilder, deren Stil stark von seinen großen Vorbildern Sir Thomas Lawrence und Benjamin West geprägt war, ließen ihn zu einem Publikumsliebling der amerikanischen High Society werden. Auch das *Porträt eines lesenden Mädchens* gehört in diese Kategorie subtiler Idealisierung: Die feine aristokratische Haltung, das vornehme Interieur, der gesammelte Ernst, mit dem die Lesende in ihr Buch schaut, die ungemein helle Haut, die sie als eine Frau ausweist, die lieber Bücher liest als sich der Sonne auszusetzen – alles das wirkt als idyllisches Ideal gehobener Bürgerlichkeit.

Die unvergleichlich anmutige Bewegung der Hand, deren langgliedrige Finger nicht einmal das Kinn streifen, sondern gleichsam in der Schwebe verharren, sowie das über die linke Schulter gerutschte Kleid mit der roten Stola lassen das Bild zur Momentaufnahme werden, die einen ganz besonderen Augenblick einfängt: Was die Schöne liest, wissen wir nicht. Doch daß es ihr gefällt, hat uns der Maler durch die fein erröteten Wangen seiner Leserin mitgeteilt.

THOMAS SULLY
(1783 – 1872)
Porträt eines lesenden Mädchens, 1842
PRIVATSAMMLUNG

Daß diese Leserin von dem, was sie liest, affiziert ist, spürt man sofort. Der Bildtitel läßt keinen Zweifel daran, daß der Maler hier bemüht war, sozusagen die Wirkung der Lektüre auf das empfindsame weibliche Gemüt zum Ausdruck zu bringen. Konzentriert, ja ergriffen blickt das Mädchen in das vor ihr liegende Buch, die schöne Haltung der Hände und die Neigung des Kopfs offenbaren eine durch nichts mehr zu übertreffende Hinwendung zum Geschriebenen und Gedruckten. Ob sie dabei tatsächlich »stille Tränen« vergießt oder sich einfach nur ihre Seele anrühren läßt, ist sekundär.

Edward Robert Hughes (1851-1914) – nicht zu verwechseln mit dem präraffaelitischen Maler und Illustrator Arthur Hughes (1832-1915), dessen Neffe er war – wirkte als Assistent im Atelier von William Holman Hunt, dem er bei einigen seiner Spätwerke half. Wie Edward Burne-Jones, mit dem er bekannt war und den er sehr schätzte, war er fasziniert vom Symbolismus. Die überwiegende Mehrzahl seiner Werke – vor allem Aquarelle und Gouachen – sind in minutiöser Technik ausgeführt; Hughes war ein Perfektionist, der nichts dem Zufall überließ und der unzählige Studien anfertigte, bevor er an die Ausführung eines Werkes ging. Oft griff er klassische literarische Sujets auf, oft stellte er nackte oder halbbekleidete Frauen in phantastische Szenerien und erzielte so suggestive erotische Wirkungen. Elfen und Feen aus dem Zwischenreich bevölkern seine Phantasien (*Twilight Fantasies*, *Midsummer Eve*), symbolische und allegorische Frauenfiguren huldigen einem Ästhetizismus, dem jede Verankerung in der Realität fehlt.

Hughes romantisch-historische Bilder mit präraffaelitischem Background oszillieren zwischen purer Salonmalerei und symbolistischer Ernsthaftigkeit. Auch die *Stillen Tränen* lassen sich ebenso als subtiles Porträt weiblicher Empfindsamkeit verstehen wie als heikle Grenzgängerei auf dem schmalen Grat zwischen Kitsch und Konvention.

EDWARD ROBERT HUGHES
(1851–1914)
Stille Tränen
PRIVATSAMMLUNG

SIR JOHN LAVERY
(1856 – 1941)
Miss Mary Auras – Das rote Buch
PRIVATSAMMLUNG

Hoch aufgerichtet sitzt sie im Sessel, ein kleines rotes Buch, das ihre ganze Aufmerksamkeit beansprucht, in der linken Hand. Durch den Bildtitel *Miss Mary Auras – Das rote Buch* wissen wir, wer die porträtierte Lady ist. Auffallend nicht nur das strikte Profil, das dem Bild die harten Konturen eines Scherenschnitts gibt, sondern auch die Farbgebung des Bildes: Haar, Hintergrund, Sessel und Kleid, das hochgeschlossen ist und streng wirkt, sind alle in Braun-, Grau- und Schlammtönen gehalten, was dem Bild etwas Monochromes verleiht. Der Blick der Betrachterin und des Betrachters wird ganz auf das abgebildete Lesegeschehen gerichtet, das hier in sehr stilisierter Form inszeniert wird.

Allein das titelgebende rote Buch bringt eine auffällige Farbe, die mit den vor Erstaunen und Entzücken leicht geöffneten roten Lippen von Miss Auras korrespondiert. Dadurch, daß Kopf und Buch sich fast auf einer Höhe befinden, wird der Eindruck, es mit einer hochkonzentrierten Leserin zu tun zu haben, noch verstärkt.

Nach den ersten Schritten in seiner Heimat lernte der irische Maler John Lavery (1856-1941) seine Kunst an der Académie Julian in Paris – unter anderem als Schüler von William Adolphe Bougouereau. Er wirkte zunächst als Landschaftsmaler, bevor er sich auch Porträts zuwandte. In der Kunstszene war Lavery bestens vernetzt, zunächst als Mitglied der Glasgow Brotherhood, dann der Künstlerkolonie von Grez-sur-Loing (im Département Seine-et-Marne).

Wir können davon ausgehen, daß John Lavery sein Modell in einer für sie typischen Haltung gemalt hat, daß wir es also mit einer passionierten Leserin zu tun haben. Welche Rolle Miss Mary Auras in seinem Leben spielte, wissen wir nicht. Vielleicht war sie näher mit ihm bekannt, möglicherweise ist das Bild auch ein Auftragswerk. Wie auch immer – der Maler hat das Wesen der Lektüre von Frauen eingefangen: daß sie alles an weiblichen Seelenkräften zu bannen vermag.

PIERRE-AUGUSTE RENOIR
(1841–1919)
Die Lektüre, um 1890/1895
MUSÉE D'ORSAY, PARIS, FRANKREICH

Pierre-Auguste Renoir (1841–1919) war einer der Künstler, die für die französische Malerei Licht, Farbe und Bewegung neu entdeckten. Die Impressionisten rebellierten gegen den erstarrten Akademismus, der noch bis Ende des neunzehnten Jahrhunderts dem Maler vorschrieb, aus welchen Elementen sich ein Bild zusammenzusetzen habe. Doch sie waren nicht mehr daran interessiert, den Konventionen zu entsprechen und »richtig« zu malen. Sie schockierten das Publikum und die Kritiker, die sanft ineinander übergehende Farben gewohnt waren und alles gut erkennen wollten. Sie verweigerten ihnen Bilder, die etwas sagten, am besten eine ganze Geschichte erzählten.

Der Blick öffnete und weitete sich: Das Licht, der sich ändernde Eindruck des Geschauten im Wechsel atmosphärischer Stimmungen wurde zum eigentlichen Thema der Malerei. Und so zogen die Künstler hinaus in die Natur, ins Freie; ihr »Atelier« konnte auch das Ruderboot auf dem See in Gesellschaft einer schönen Frau sein.

Auch Pierre-Auguste Renoir fing den puren Eindruck, die *Impression*, mit flüchtig hingetupften Farben und Strichen ein. Er malte vor allem Frauen, zumeist bei ihren Lieblingsbeschäftigungen: schlafend, träumend, badend, durch Gärten gehend, an Ufern liegend, sich nackt sonnend, mit Tieren spielend, voller Lebenslust – und lesend.

Das Thema der lesenden Frau hat Renoir immer wieder gefesselt; es gibt Dutzende von Gemälden mit diesem Sujet. Auch seine Frau, seine Tochter und deren Freundinnen hat er immer wieder lesend und in Bücher vertieft gemalt. Eine sehr stimmige Impression fängt das Gemälde *Die Lektüre* ein: Zwei in einem Buch lesende Mädchen sitzen eng beieinander im üppig grünenden Garten; das dunkelhaarige Mädchen im roten Kleid hat einen Arm um ihre Freundin gelegt, den anderen Arm stützt sie auf; er hält auch den Kopf. Die Blonde im weißen Kleid hält das Buch geöffnet, eine Hand liegt auf dem Handgelenk des rechten Arms. Konzentriert, mit niedergeschlagenen Augen blicken sie auf die Welt aus Buchstaben und Phantasien, die sich vor ihnen öffnet. Das weißgekleidete Mädchen ist ganz von der Geschichte gebannt, die sie da liest; ihr Mund ist leicht geöffnet, als wolle sie das Gelesene nachsprechen. Es ist aber nur eine Geste konzentrierter Lektüre, an der sie ihre Freundin teilhaben läßt.

Die Lesende auf dem roten Fauteuil hat sich in ihr Zimmer zurückgezogen, um in eine Geschichte einzutauchen. Sie hat sich bequem hingesetzt, die Beine untergeschlagen, der rechte Arm findet Halt an der Rückenlehne. Sie hält das Buch nah vor sich, als wolle sie keinerlei Distanz zum Gelesenen zulassen, ja, als wolle sie mit ihm verschmelzen. Für diese Hingabe spricht auch, daß sie sich ganz vom Maler, aber auch vom Betrachter abwendet; nur einen Blick auf ihr Halbprofil gönnt der Künstler uns, als wolle er betonen, daß die junge Frau nicht uns und unseren Blicken zur Verfügung steht, sondern einzig und allein dem Erlebnis des Lesens.

Abgesehen von dem riesigen Wandgemälde im Hintergrund und der Fläche am linken Bildrand, die eine Tür oder ein Spiegel sein kann, dominieren in diesem Bild die unterschiedlichsten Rottöne: das tizianrote Haar, der hellrote Samt des Sessels, das leuchtendrote Kleid, der hellrote Teppich, das alles steht harmonisch zueinander und verstärkt den Eindruck – eben die Impression –, einen wunderbar seligen Augenblick miterleben zu dürfen.

Dies ist ein gerade in seiner scheinbaren Abgeschlossenheit sehr offenes, das Herz weitendes Bild. Und obwohl das Gemälde über hundert Jahre alt ist, könnte die Lesende doch eine moderne Frau sein, die ihr Haar hochgesteckt hat und deren Bluse so weitgeschnitten ist, daß sie ihr – bedingt durch die Körperhaltung – über die linke Schulter rutscht. Irgendwo versunken in eine Geschichte, die all ihre Aufmerksamkeit fesselt.

PIERRE-AUGUSTE RENOIR
Lesende Frau, ca. 1900
TOKYO FUJI ART MUSEUM,
TOKYO, JAPAN

Einen Klassiker der Salonmalerei haben wir hier vor uns: eine auf einem reich mit Gold verziertem blauen Stuhl hingegossene *Beauté* hat sich ein Kissen in den Rücken gestopft, die Beine ausgestreckt und erfreut sich in halbliegender Position an einem Journal, das sie sich gegriffen hat und dessen Lektüre sie in offensichtliches Vergnügen versetzt. Das Lächeln auf dem fein gezeichneten Gesicht und das schimmernde Rosé ihrer Wangen lassen ahnen, daß diese Leserin hier keine schwere Kost zu sich nimmt, sondern etwas Leichtes, Animierendes, vielleicht Frivoles. Es ist Lesen als pures Entzücken, in das uns Giovanni Boldini (1842-1931) hineinversetzt und das die Betrachterin sozusagen zur Mitleserin macht.

Boldini, der aus einer bekannten Malerfamilie aus Ferrara stammte, in Florenz an der Akademie studierte und erst nach einem längeren Aufenthalt in London im Jahr 1872 nach Paris fand, hat auch als Maler eine entsprechende Entwicklung vollzogen: Begonnen hatte er als *Plein air*-Maler, inspiriert von den Impressionisten, denen er seinen eigenen skizzenhaften Stil, eine sprühende, gewissermaßen nervöse Technik entgegensetzte.

Ob Genre, Landschaft oder Porträt – Boldini hatte einen scharfen, sensuellen Blick für das Individuelle eines Gesichts oder einer Figur, der auch in unserem Bild der Leserin eine unverwechselbare Note gibt. Dieses Bild läßt verstehen, warum sich Boldini als Starmaler der Belle Époque und des Pariser Boulevards etablieren konnte: Seine Porträts der Schönen und Reichen trafen perfekt das Lebensgefühl der Demimonde, der großen Kurtisanen wie der lebenshungrigen Damen der großen Gesellschaft.

Auch in dem Bild des *Lesenden Mädchens im Salon* sind die Valeurs dieses Lebensgefühls nicht nur in der berauschend süßen Kleidung – vom Rosenton des Stoffes über die Halskrause bis zum heruntergerutschten Ärmel –, sondern auch in den nachlässig hingeworfenen Draperien, den roten Kissen, den goldenen Facetten der Tür und des Mobiliars und dem farbenfrohen Teppich zu erkennen.

GIOVANNI BOLDINI
(1842–1931)
Lesendes Mädchen im Salon (1876)
PRIVATSAMMLUNG

Die Lieblingsbücher hat sie neben sich auf die Bank unter dem Fenster gelegt, es scheint, als hätte sie sich da niedergelassen, nur für einen Augenblick, Hut und weißer Schirm sowie die hochgeschlossene Kleidung mit Handschuhen scheinen darauf hinzudeuten, daß die Dame sich nicht an ihrem Haus aufhält, sondern unterwegs ist. Ihre Körperhaltung ist geradezu exquisit: ein Bein über das andere geschlagen, einen Arm auf das Knie und den Kopf auf die Hand gestützt, der andere Arm auf der Rückenlehne ausgestreckt: Diese Frau träumt nicht entrückt, nicht versunken, sondern verheißungsvoll. Und jeder Betrachter darf sich seine eigenen Gedanken machen, an wen oder was die Schöne denkt …

Vittorio Matteo Corcos (1859–1933) hatte im Studio des für seine Frauenporträts aus der Pariser Gesellschaft bekannten Léon Bonnat einen Malstil kennengelernt, der ihn inspirierte. Auch die französischen Künstler des Impressionismus sowie sein Landsmann Giovanni Boldini beeinflußten ihn. Corcos legte großen Wert darauf, zur feinen Gesellschaft zu gehören, und als er 1886 nach Italien zurückkehrte und in Florenz Emma Ciabatti heiratete, war er dankbar, daß seine Frau ihn in angesehene literarische Kreise einführte und ihn Gabriele d'Annunzio und anderen Schriftstellern vorstellte.

Seine Porträts – unter anderem auch verschiedener gekrönter Häupter – gehören zu den Highlights der europäischen Salonmalerei des neunzehnten Jahrhunderts. Die unbekannte Schöne auf dem Bild *Träume* hat alles, was seinerzeit pures Entzücken auslöste: Raffinesse, Eleganz, eine literarische Aura (angedeutet durch die gelben Romane), eine subtile Erotik und nicht zuletzt ein gewisses *je ne sais quoi*.

VITTORIO MATTEO CORCOS
(1859–1933)
Träume, 1896
GALLERIA NATIONALE D'ARTE
MODERNA, ROM, ITALIEN

SECHSTES KAPITEL

Ganz allein mit sich selbst

Vom Lesen in intimen Stunden

Lesen war meine erste bewußte Intimität – ein Akt, der es der
Stimme eines anderen gestattete, in mich einzudringen, mich
zu bewegen und zu berühren, in mir zu singen. Es war ein
Gespräch mit den Toten, mit dem Unmöglichen, mit Träumen,
die Fremde mir verschafften, zu meinem Entzücken, zu
meiner Erkenntnis, zur Beseitigung meiner Einsamkeit. Lesen
war das Wunder, mit den Augen eines anderen zu sehen.

— A. L. KENNEDY

So etwas wie moralische oder unmoralische Bücher gibt es nicht.
Bücher sind gut oder schlecht geschrieben. Weiter nichts.

— OSCAR WILDE

Unsere Kultur ist auf die Augen fixiert. Unser visueller Sinn überschattet alle anderen so weit, daß wir die Augen schließen, wenn wir uns ausschließlich auf ein Gefühl, einen Gedanken oder ein Musikstück konzentrieren wollen. Wir schließen die Augen oder blicken zur Decke, zu Boden oder sonstwohin, wo es nichts zu sehen gibt. Diese Vorherrschaft drückt sich auch in unserer Sprache aus; so bedeutet zum Beispiel »Ich sehe« soviel wie »Ich verstehe«.

In früheren Zeiten waren die Menschen weitaus erfinderischer und kreativer, um Lust zu erwecken und sich in Stimmung zu bringen. Eine starke Wirkung wurde einst am französischen Hof durch einen Becher erzielt, auf dem wollüstige Szenen so künstlerisch dargestellt waren, daß Damen und Herren in Raserei gerieten, wenn sie die Bilder betrachteten, während ihnen der Becher kredenzt wurde. So erging es einer Dame, daß sie ihrem Liebhaber an der königlichen Tafel zurief: »Schnell fort, wir wollen das Feuer löschen.«

Und Rétif de la Brétonne berichtet: »Ein Edelmann schenkte seiner Geliebten ein Buch mit Bildern, die zweiunddreißig Hofdamen darstellten, ganz nach der Natur gezeichnet, wie sie mit ihren Anbetern der Liebe frönen. Diese zweiunddreißig Damen verkörperten etwa siebenundzwanzig Stellungen des Aretino. Sie waren alle sprechend ähnlich, einige völlig nackt, andere in Hofkleidung; genauso die Männer. Das Buch hatte achthundert bis neunhundert Taler gekostet und die Zeichnungen waren koloriert. Zwei Damen, die sich in dem Buch abgebildet fanden, fielen vor sinnlicher Aufregung in Ohnmacht, auch andere Betrachter wurden sehr erregt.«

Bücher sind also wunderbar geeignet, einen schärferen Blick, ein heißeres Herz zu gewinnen. Doch wer liest, will auch Lust, eine pure Lust am Spiel, am Schönen und am Erregenden, an Spannung und Entspannung. *Leselust* ist ein wunderbares Wort. Gegen all die lustfeindlichen Exerzitien der literarischen Moderne, gegen die grassierende Zweckmäßigkeit setzt diese Lust auf vibrierende Emotionen und ein auch körperlich spürbares Fluidum.

Malerinnen und Maler haben ihre Modelle oft als nackte Lesende abgebildet. Möglicherweise, um anzudeuten, daß auch die Bücher, denen sie sich zuwenden, eher prickelnd als prüde sind. Und doch wirken gerade diese Bilder oft alles andere als erregend. Die nackten Lesenden sind wie durch einen Zauberkreis geschützt, gerade so, als sei das Buch, dem sie sich widmen, die kleine hemmende Schwelle, über die keine Betrachterin und kein Betrachter gelangt – nicht zu ihrem Körper, nicht zu ihrer Seele.

RENÉ FRANÇOIS XAVIER PRINET
(1861 – 1946)
Nackte auf einem Pink Diwan
PRIVATSAMMLUNG

DAS RUHENDE MÄDCHEN

Ein typisches Beispiel für die erotische Wirkung, auf die es François Boucher (1703-1770), dem späteren Hofmaler König Ludwigs XV., wie den meisten seiner Zeitgenossen ankam, ist sein Porträt der Louise o'Murphy, des »ruhenden Mädchens«: Auf eine sehr pikante Weise stellte er eine wollüstig hingelagerte Mädchengestalt in den Mittelpunkt des Bildes, an der nichts idealisiert erscheint und deren mollige, niedliche Schönheit dem Ideal des *joli* in jeder Hinsicht entspricht. Die unruhige Linienführung des sich in Rückenlage bietenden Körpers lenkt das Augenmerk sofort auf die Hüft- und Schenkelpartien, die den fast genau errechneten Mittelpunkt des Bildes darstellen. Dagegen werden die Brüste durch die aufgestützte Lage der Arme verdeckt, über denen sich, von sorgfältig frisiertem Haar umrahmt, ein Gesicht mit gewollt naivem Ausdruck erhebt.

Louise o'Murphy war zweifellos seit langem das aufregendste zweibeinige Geschöpf, das dem verwöhnten Maler unter die Augen kam und sich ihm als Modell anbot. Erst vierzehn Jahre alt war die kleine Irin, als sie sich vor ihm auf den Bauch legte, die Ellbogen gestützt. Das blaue Halsband, das ihr in Paris Glück bringen sollte, hatte sie sich in die Haare geflochten.

François Boucher ließ seine Phantasie spielen. Was er malte, war nicht nur das, was er sah. Sondern auch und vor allem, was am Hof und bei seiner adligen Kundschaft Anklang fand: Bilder mit mythologischen, allegorischen, vor allem aber lasziven und erotischen Motiven, mit frivolen und sinnlichen Modellen. Dieser Meister der Verherrlichung des zügellosen, ungehemmten Genusses war auch Zeichenlehrer der Marquise de Pompadour, die ihre Agenten immer wieder auf die Suche nach neuen Gespielinnen für König Ludwig XV. schickte. Bouchers Porträt der Louise o'Murphy hatte die Wirkung eines Bewerbungsschreibens und öffnete dem Mädchen die Türen zum glanzvoll-unwirklichen Reich von Versailles, wo sie mit ihrer naiv-frivolen Art rasch Furore machte.

Die Attraktivität des genußbereiten weiblichen Körpers, den der Maler in den raffiniertesten Farbnuancen wiederzugeben wußte und der in seiner ganzen Unzweideutigkeit und Laszivität trotz des naiven Mädchengesichts schon fast ans Obszöne streift, wird in ihrer Wir-

FRANÇOIS BOUCHER
(1703 – 1770)
Louise o'Murphy
WALLRAF RICHARTZ MUSEUM,
KÖLN, DEUTSCHLAND

kung noch unterstützt durch die greifbar natürlich hingeworfenen Kissen und Decken, überhaupt durch das ganze Interieur des Boudoirs. Alles in allem jedenfalls eine besondere Delikatesse, die der Sensationslust ihrer Zeit auf eine mehr als pikante Weise Rechnung trug und wohl dazu geeignet war, die Betrachter zu neuen erotischen Abenteuern zu ermuntern.

Von den Gegenständen in diesem Boudoir fallen – abgesehen von den lustvoll zerknitterten Stoffen – nur zwei Dinge auf: die geknickten Blumen auf dem Fußboden und das aufgeschlagene schmale Buch neben dem Sofa. Die Konnotation, daß die pikante Lektüre zu erotischen Abenteuern führen soll oder schon geführt hat, ist gewollt: Ganz bewußt ist das Büchlein so platziert, auch daß es aufgeschlagen da liegt, nicht ohne Grund: Louise hat gelesen, bevor sie sich dem Maler auf dem Sofa zur Schau stellte. Fast könnte man meinen, daß die Lektüre sie dazu couragiert hat.

STEPHANIE PAULA
(*1975)
Siesta, 2009
PRIVATSAMMLUNG

Wie ein zeitgenössisches Pendant – nur spiegelverkehrt – wirkt das Bild *Siesta* der 1975 in Düsseldorf geborenen Malerin Stephanie Paula, die ihr Studium der Malerei an der Arts Students League in New York und der Repin Kunstakademie St. Petersburg absolvierte. Auch ihre Lesende liegt auf einem Sofa, den Kopf auf die Lehne gestützt, auch sie hat ihr Haar hochgesteckt, jedoch nicht in einer kunstvollen Frisur, sondern eher beiläufig, flüchtig, mit einem roten Band festgehalten. Und doch ist es nicht nur eine andere Zeit, sondern ein grundlegend anderes Verständnis von weiblicher Körperlichkeit und Nacktheit, das die beiden porträtierten Frauen voneinander unterscheidet.

Louise o'Murphy ist bereit für den Liebhaber, das Buch spielt keine Rolle mehr; ihre Beine sind gespreizt und animieren den männlichen Betrachter zu Phantasien von *à-tergo*-Positionen. Auch die unbekannte Schöne von Stephanie Paula ist von dem Buch nur beiläufig gefesselt, sie hält Siesta und blättert ein paar Bilder durch, während sie sich entspannt auf dem mit mehreren Decken überzogenen Sofa ausstreckt, die Beine, von denen man sich vorstellt, daß sie sie lustvoll-verspielt auf und ab bewegt, am Gesäß geschlossen. Sie liegt in einem Atelier; eine gewisse Unordnung, die auf dem Boden stehenden Bilder, der Kaugummiautomat an der Wand und die Leiter schaffen eine Atmosphäre von moderner Bohème.

Und obwohl die Lesende ganz zwanglos da liegt, prickelt hier keine Erotik: Diese Frau ist ganz bei sich, möglicherweise ein bißchen gelangweilt, vielleicht aber auch nur in einem Augenblick der Selbstvergessenheit eingefangen. Und selbst wenn es erotische Bilder sein sollten, die sie sich anschaut – kein Betrachter kann sich da animiert fühlen. Es ist eine sorglose, selbstbewußte Weiblichkeit, die hier im durch das Fenster fallenden hellen Sonnenlicht inszeniert wird. Während die frivole Louise o'Murphy im goldtrunkenen Dämmerlicht ihres Boudoirs oder Ateliers von erotischen Abenteuern träumt …

HERMANN FENNER-BEHMER
(1866–1913)
Bücherwurm, 1908
PRIVATSAMMLUNG

Einen altmodischen, ja altdeutschen Titel trägt das Bild mit seiner keusch-erotischen Atmosphäre, das Hermann Fenner-Behmer (1866–1913), der Spezialist für elegante Erotik, gemalt hat: *Bücherwurm*. Nach seinem Studium an der Königlichen Akademie der Künste in Berlin und einem Studienaufenthalt in Paris – wo er sich von Jules-Joseph Lefebvre und Gustave Boulanger ausbilden ließ – konzentrierte sich Fenner-Behmer auf Salonmalerei, auf Frauenporträts vor allem, die als Heliogravüren-Reproduktionen eine ungeahnte Verbreitung fanden. Auch auf seinen zahlreichen Reisen durch Europa porträtierte Fenner-Behmer am liebsten Damen der feinen Gesellschaft, oft in einem pikanten oder erotischen Ambiente.

Dieser weibliche *Bücherwurm* ist ganz anders als das berühmte gleichnamige Gemälde von Carl Spitzweg: Kein verschrobener Bibliothekar steht auf der Bücherleiter, das Schnupftuch nachlässig in die Tasche zurückgestopft, die Nase ins Buch vertieft – sondern eine nackte Schöne vertrödelt den Morgen mit einem Buch. Zum Aufstehen oder gar Ankleiden hat sie noch keine Zeit oder Lust gefunden; das Frühstück, das ihr das Mädchen gebracht hat – die (französische) Tageszeitung hübsch daneben drapiert – ist bislang nicht angerührt worden. Der Tee wird kalt, doch das stört die Lesende nicht; das Buch ist interessanter als alles, was die Zeitung zu bieten hat, oder die Morgenroutine mit dem servierten Frühstück.

Trotz der akkuraten Tischdecken, des Bettes, des Frühstücks auf dem Tablett (auf dem auch die Serviette nicht fehlt), des frischen Blumenstraußes in der Vase und der vor dem Bett abgestellten Pantoffeln liegt auch hier ein Hauch Bohème über der Szene. Bei einer Bohemienne würde es allerdings anders aussehen, so daß der Verdacht naheliegt, daß wir es hier mit einer Tochter aus großbürgerlichem Haus zu tun haben, die ihre Nacktheit und ihre vermutlich frivole Lektüre schon für ein Abenteuer hält.

FLIRRENDE ATMOSPHÄRE

E s ist unmöglich, daß die Augen des Betrachters dieses Bild scharf
stellen. Keinerlei klare Konturen, nur weiche Linien weist die
Lesende Frau von Jean-Jacques Henner auf, keine Andeutung, wo sie
sich befindet, außer im Reich ihrer Leseträume. Vorder- und Hintergrund sind kaum voneinander getrennt, es ist nur vage anzunehmen,
daß die Lesende auf einem Teppich oder Stoff liegt (was ihre entspannte Haltung erklären würde), denn ihr Oberschenkel wird etwas
verdeckt. Ihr feuerrotes Haar amalgamiert mit dem rotbraunen Boden. Sie ist unbekleidet, hat ein großes Buch vor sich aufgeschlagen,

in dem sie liest oder etwas betrachtet. Den Kopf aufgestützt, ist sie ganz bei sich, nicht einmal das Buch wird berührt.

Jean-Jacques Henner (1829-1905) gilt als Vertreter des akademischen Realismus, den er bewußt mit angenehmen, ja süßen Formen konsumierbar machte. Nach seiner Studienzeit – während der er auch an Porträts malte, unter anderem seiner Familie und anderer Personen seiner Heimat im Elsass – und ersten Ausstellungen hielt er sich wie so viele andere seiner Kollegen mehrere Jahre in Italien auf, studierte die Werke Tizians und Correggios, was sich in der Malweise seiner eigenen Werke niederschlug. Er spezialisierte sich auf die Darstellung nackter Frauengestalten in reizvollen Landschaften, im Dämmerlicht oder Halbdunkel gemalt, mit verschwommenen Umrissen. Die Vorbilder und Themen für seine Bilder nahm Henner aus der Mythologie, die ihn auch nach seiner Rückkehr nach Paris 1865 faszinierte.

Auch in dem Bild *Die lesende Frau* bleiben die Konturen verschwommen, bei ansonsten durchaus naturgetreuer Malweise. Das Publikum des Fin de siècle war verrückt nach seinen Bildern, empfand es in ihnen doch den Sinnenkitzel und eine flirrend-berauschende Atmosphäre, die auch die *Lesende Frau* umgibt.

JEAN-JACQUES HENNER
(1829–1905)
Die lesende Frau, 1883
MUSÉE D'ORSAY, PARIS,
FRANKREICH

VOR DEM AUFSTEHEN

Suzanne Valadon (1865-1938) galt schon zu ihren Lebzeiten als eine der bedeutendsten Malerinnen ihrer Zeit. Und obwohl ihr Ruhm über die Grenzen Frankreichs hinausgedrungen war, blieb sie doch besonders jenem Viertel in Paris verbunden, in dem sie geboren war, die Schrecken des Deutsch-Französischen Krieges 1870/1871 und der Pariser Kommune erlebt hatte und sich als Hutmacherin, Blumenmädchen und Serviererin mehr schlecht als recht durchs Leben schlug.

Nach einem Zirkusbesuch wollte sie unbedingt Trapezkünstlerin werden, doch ein Unfall bei einem ihrer waghalsigen Sprünge machte ihr einen Strich durch die Rechnung. Sie zog nun durch die Ateliers, saß Puvis de Chavannes, Pierre-Auguste Renoir und vielen an-

deren Malern Modell, stürzte sich in eine heftige Liebesaffäre mit Henri de Toulouse-Lautrec, der sie jedoch trotz ihres stürmischen Verlangens nicht heiratete. Doch obwohl die Beziehung zerbrach, blieben sie freundschaftlich verbunden.

Man kann nicht sagen, daß Suzanne irgendeine Ausbildung zur Künstlerin erhielt. Sie besuchte keine Akademie, beobachtete nur aufmerksam die Maler bei ihrer Arbeit und lernte von ihnen den Umgang mit Pinsel und Farbe. Sieben Jahre saß sie Renoir Modell, auch Toulouse-Lautrec erkannte ihr zeichnerisches Talent und schickte sie zu seinem großen Idol Edgar Degas. Dieser große Künstler, menschenscheu und schon fast blind, freundete sich nicht nur mit Suzanne an, sondern unterrichtete sie in verschiedenen Techniken, bahnte ihr den Weg zu den Galerien und Kunstsammlern.

Ihre Bilder – zumeist weibliche Sujets wie Blumen, Mutter und Kind, Selbstporträts und ungewöhnliche Frauenakte – spiegeln oft Suzannes Lebensfreude und Lebenslust wider. Für bürgerliche Konventionen hatte sie nichts übrig, sie sah sich als Bohemienne, stets in turbulenten Beziehungen und Liebesaffären unterwegs (unter anderem mit dem Komponisten Eric Satie und dem Kunstkritiker Miguel Utrillo y Molins, der die Vaterschaft ihres Sohnes – des späteren erfolgreichen Malers Maurice Utrillo – anerkannte), und die Ehe mit dem reichen Bankier Paul Mousis dauerte nicht lange, da war Suzanne wieder so frei, wie sie sich fühlte.

Die gestreifte Decke gibt dem Bild seinen Namen, sie ist zurückgeschlagen auf dem Eisenbett, ein Kleid hängt an einem der Pfosten, aber die Nackte hat noch keine Lust, aufzustehen und sich anzuziehen. Belustigt fällt ihr Blick auf das Heft, das auf dem Bettrand liegt und ihre Aufmerksamkeit fesselt. Die Beine sind lässig gestreckt, die Füße übereinander geschlagen, der rechte Arm hat eine bequeme Position auf dem Bett gefunden. Eine kleine Bettkammer, in der ein Mädchen sich morgendlicher Lesefreude hingibt, eine farbenfrohe Szenerie, zu der auch die Gegenstände in diesem Raum beitragen: der rote Teppich über dem dunklen Holzboden, das grüne Kissen – und die gestreifte Decke. Fein modelliert sind die Farben der Haut, aber auch der Wand, und geben dem ganzen Bild sinnliche Präsenz und einen Hauch von Unbeschwertheit.

SUZANNE VALADON
(1865–1938)
Nackte mit gestreifter Decke, 1922
MUSÉE D'ART MODERNE DE LA VILLE
DE PARIS, PARIS, FRANKREICH

DAS NACKTE MODELL

Sie sitzt in einem leeren Raum vor dunklem Hintergrund, nackt, auf einem Klappstuhl, eine Decke ist nachlässig über die Rückenlehne geworfen, in bequemer Haltung, die Beine ausgestreckt, die Füße übereinandergeschlagen. Sie liest eine Zeitung, aber wie sie es tut, so selbstbewußt und unbekümmert gegenüber jeglicher Reaktion, die sie auslösen mag – das sorgte in der Ausstellung des 1885 gegründeten sezessionistischen New English Art Club, wo der französisch-britische Maler und Grafiker Théodore Roussel (1847-1926) ihr Bild aufgehängt hatte, für Aufsehen. Zumal es mit 1,52 mal 1,61 Metern lebensgroß ist und schon von daher ins Auge springt.

In der Öffentlichkeit wurde es sofort als Provokation und Skandal empfunden, nicht nur, weil es wie ein Gegenentwurf zur herrschenden konservativen, akademischen Bildauffassung wirkte, sondern weil es – wie es die Londoner Wochenzeitung *The Spectator* schrieb – »als Realismus von der übelsten Art« angefeindet wurde: »Das Auge des Künstlers sieht nur das vulgäre Äußere seines Modells und bildet es stumpf und roh ab.«

Und tatsächlich wird hier um die Lesende keine verklärende Gloriole gelegt, wird sie nicht in kostbare Interieurs gesetzt, wird hier nicht eine Apotheose der von ihrer Lektüre entzückten Frau geboten. Sondern ein irritierender Realismus, der zwar einen wunderbar proportionierten Körper zeigt, dem Gesichtsausdruck mit dem leicht geöffneten Mund aber durchaus etwas Verschlossenes, Eigensinniges gibt. Eva Mongi-Vollmer sieht es in ihrem Buch *Nackt! Frauenansichten, Malerabsichten* daher ganz richtig: »Es ist die Lektüre einer intellektuellen, modernen Frau, die trotz der Nacktheit nicht sexuell verfügbar ist.«

Doch das Bild machte Roussel auch auf Anhieb bekannt. Keine Salondame, kein unschuldiges Mädchen hatte hier Modell gesessen, sondern Harriet Pettigrew (1867-1953), die zusammen mit ihren Schwestern Lily und Rose in den Ateliers von James McNeill Whistler, William Holman Hunt, John Everett Millais und anderen Künstlern viel gefragt und gut bezahlt war. Hetty, wie sie genannt wurde, verliebte sich in den verheirateten Roussel; aus der Beziehung ging ein Kind hervor, was Roussel jedoch auch nach dem Tod seiner Ehe-

THÉODORE ROUSSEL
(1847–1926)
Lesendes Mädchen, 1886/1887
TATE GALLERY, LONDON,
GROSSBRITANNIEN

frau Frances keineswegs dazu brachte, die Verbindung mit Hetty, seiner Geliebten und seinem Modell, zu legalisieren.

Théodore Roussel hatte sich seine Kunst durch Selbststudium beigebracht. Seine frühen Gemälde, Aquarelle und Pastelle zeigen Landschaften, Porträts und Genremotive, aber auch Szenen aus dem täglichen, modernen Leben, gemalt in einem peniblen, geradezu altmeisterlichen Stil.

SIEBTES KAPITEL

Literarische Freundinnen

Vom Lesen zu zweit

MARGARET SARAH
CARPENTER (GEB. GEDDES)
(1793–1872)
Die Schwestern, 1839
VICTORIA & ALBERT MUSEUM,
LONDON, GROSSBRITANNIEN

Lest Bücher und werdet glücklich!
Wir sind nicht auf der Welt um unglücklich zu sein.

— KLABUND

Lesen, lesen und darauf vertrauen, daß die Augen sich öffnen, die Gesichter sich freuen, die Frage kommt und eine weitere Frage nach sich ziehen wird.

— DANIEL PENNAC

In der Literatur und in der Liebe erstaunt uns immer wieder die Wahl, die andere treffen.

— ANDRÉ MAUROIS

»Was wären wir ohne unsere Freundin?« fragt Daniela Thiele. »Mit ihr besprechen wir die kleinen Kümmernisse und die großen Sorgen, mit ihr teilen wir die kleinen Geheimnisse und das große Glück. Freundinnen streiten sich und sind doch ein Herz und eine Seele. Sie verlieren sich aus den Augen; sie finden sich wieder und gehen miteinander durch dick und dünn. An ihre erste ›beste‹ Freundin wird sich jede Frau immer erinnern. Und auch an dieses überwältigende Gefühl, das wohl eines der weiblichen Urgefühle ist: Freundinnen für immer!«

Die Freundin ist da, wenn eine Frau an sich selbst zweifelt, wenn sie traurig ist, ganz ohne Grund, wenn sie jemanden braucht, der an sie glaubt, der mit ihr lacht, der sie in den Arm nimmt und dem sie alles sagen kann.

Freundinnen fühlen sich auch durch die Bücher, die sie lesen, die sie einander empfehlen, verbunden. Sie lesen sich gern vor, freuen sich an der unmittelbaren Reaktion der Freundin. Literarische Freundschaften entstehen, wenn in einer Beziehung viel über Bücher und Literatur gesprochen wird, denn das Lesen zu zweit oder zu mehreren stiftet eine besondere Erfahrung weiblicher Kultur: ein Gefühl der Nähe, ja der Solidarität. Von den Lesezirkeln und Lesegesellschaften über die meist von Frauen initiierten und inspirierten literarischen Salons vergangener Zeiten bis zu den Netzwerken und Communities der modernen Welt: Lesende Frauen finden Wege zueinander.

Der französische Maler Jean Raoux (1677-1734) war vom Sujet der lesenden Frau Zeit seines Lebens fasziniert: Immer wieder malte er Frauen bei dieser ihrer Lieblingsbeschäftigung. Er hatte eine fundierte Ausbildung in Montpellier, später in Rom erhalten. Lange Jahre – zwischen 1705 und 1714 – vervollkommnete er seine Kunst in Italien, wo er vor allem in Padua und Venedig zahlreiche Anregungen aufnahm, die sein künstlerisches Schaffen beeinflußten. Schließlich wurde er neben seinem Zeitgenossen Antoine Watteau zu einem der wichtigsten Maler der Régence-Zeit.

In dem Bild *Lesende* fällt das Licht durch das Fenster und erhellt die intime Szenerie zweier Freundinnen. Es ist ein großformatiges, dünnes Buch, das die sitzende Frau in Händen hält. Die Beine hat sie bequem gekreuzt, sie hat sich aufgestützt, hält sich aber gerade. Die Freundin beugt sich über sie, stützt mit einer Hand das großformatige Buch, während die andere Hand in einer dramatischen Geste in den nicht näher definierten Hintergrund weist: Die ganze Haltung des links stehenden Mädchens läßt eine besondere innere Anteilnahme am Gelesenen oder Betrachteten vermuten. Und auch ohne daß wir wissen, was die beiden so fesselt, können wir mit Bestimmtheit sagen, daß die Lektüre ihre Freundschaft nur vertieft und eine ganz eigene Art der Vertrautheit stiftet.

JEAN RAOUX
(1677–1734)
Lesende
MUSÉE DE LA SOCIETÉ
ARCHÉOLOGIQUE,
MONTPELLIER, FRANKREICH

JULES LEBLANC STEWART
(1855–1919)
Sarah Bernhardt (1844–1923) und
Christine Nilsson (1843–1921), 1883
PRIVATSAMMLUNG

Heute würde man sagen: Da hat der Maler die beiden Superstars seiner Zeit auf die Leinwand gebracht. Sarah Bernhardt (1844–1923), die Frau links, war die gefeierte Diva der Belle Epoque, eine Schauspielerin, die in jedem Augenblick auf Wirkung setzte, welche die Kunst der Inszenierung, der Selbstinszenierung vor allem, meisterlich beherrschte und mit Leidenschaft betrieb. Nicht nur in ihrem Heimatland Frankreich lag ihr das Publikum zu Füßen, es jubelte ihr in ganz Europa und in Amerika zu. Dumas' *Kameliendame* und Sardous *Tosca* gewannen durch sie ihr eigentliches Leben. Oscar Wilde schrieb ihr seine *Salome* auf den biegsamen Körper und Marcel Proust setzte ihr ein Denkmal in *Auf der Suche nach der verlorenen Zeit*. Und nicht nur D. H. Lawrence war von ihrer erotischen Intensität überwältigt.

Sarah Bernhardt, in ihrer gefährlichen Schönheit eine Ikone des Jugendstils, begegnet uns noch heute auf den genialen Plakaten Alphonse Muchas. Ihre »Modernität« revolutionierte die Schauspielkunst und ist in ihren Auswirkungen bis heute spürbar. Zeit ihres Lebens gab sie der Welt immer wieder von neuem Kostproben ihrer großen Begabung, ihrer unglaublichen Energie, ihrer theatralischen Exaltiertheit, ihrer leidenschaftlich gelebten Amoralität und ihres wahrhaft großen Herzens.

Die schwedische Sängerin Christine Nilsson (1843–1921), rechts im Bild, galt in ganz Europa als unangefochtene Primadonna assoluta. Sie hatte 1864 mit der Rolle der Violetta in *La Traviata* in Paris debütiert und von dort die Opernhäuser des Kontinents erobert, vor allem Drury Lane und Covent Garden in London, wo sie oft sang, aber auch auf einer ausgedehnten Tournee durch Amerika, wo sie 1871 ihr Rollendebüt als Mignon in New York gab und in der Metropolitan Opera als Marguerite im *Faust* wahre Triumphe feierte.

Christine Nilsson erreichte damit den Ruf als eine der größten Sängerinnen ihrer Zeit, die selbst die Massen mobilisieren konnte: Nach einem erfolgreichen Konzert in Stockholm am 23. September 1885, wurde Kristina – wie wie sich in Schweden nannte – von über fünfzigtausend Menschen gefeiert, als sie von einem Balkon des Grand Hotel sang.

Der Maler Jules LeBlanc Stewart (1855-1919) war »ein Amerikaner in Paris« und wurde hier »der Pariser aus Philadelphia« genannt. Seine Familie kam 1865 nach Paris; sein Vater William Hood Stewart, der auf Kuba mit Zuckeranbau Millionen gemacht hatte, war ein angesehener Kunstsammler und Mäzen von Mariano Fortuny und der Künstler von Barbizon. Das große Familienvermögen erlaubte es Jules, seinen künstlerischen Ambitionen sorglos nachzugehen. So malte er das aufregend lässige Leben, die *joie de vivre* der Teegesellschaften, Yachtfahrten, Picknicks, Damen in luxuriösen Kleidern, Porträts von Aristokraten und Berühmtheiten, aber auch große Gruppenporträts (oft brachte er ein Selbstbildnis irgendwo in der Menge unter). Und Schauspielerinnen – wie Sarah Bernhardt und Christine Nilsson, zwei Frauen, für welche die Bühne das Leben war und das Leben eine Bühne.

Und wie ein Proszenium in einem Theater wirkt das Arrangement: ein großer Diwan, ein Fell als Teppich, Vorhänge rechts und links vor einem riesigen Fenster, hinter dem sich das Paris der großen Boulevards wie ein Bühnenbild öffnet. Christine Nilsson ist ganz der Freundin zugewandt, die auf einem Berg Kissen ausgestreckt liegt und in dem Buch blättert, das sie sich von dem neben ihr auf einem Hocker liegenden Stapel gegriffen hat. Was Sarah Bernhardt vorliest, entzieht sich natürlich unserer Kenntnis – es kann ein Roman sein, aber auch ein Theaterstück. Eine sehr »weibliche« Szene, die eine wunderbare Vertrautheit der beiden Protagonistinnen ausstrahlt. Ein magischer Moment, der von Jules LeBlanc Stewart mit viel Sinn für Raffinesse und das *grand life* der Pariser Belle Époque ausgemalt wurde.

ALLEIN MIT DER SEHNSUCHT

Eine seltsame Anordnung der drei hier porträtierten Misses Vickers: Zwei der Schwestern sitzen in einem Sessel; die in der Bildmitte trägt ein schwarzes Satinkleid mit einer auffallenden Blume, sie hat etwas zu lesen auf dem Schoß, das aber auch von ihrer in duftiges Weiß gekleidete Schwester gehalten bzw. umgeblättert wird. Die Miss im weißen Kleid hält ihre Schwester im Arm, der jedoch nicht auf deren Schultern liegt, sondern auf dem Rohrgeflecht. Sie

JOHN SINGER SARGENT
(1856–1925)
Die Misses Vickers, 1884
SHEFFIELD GALLERIES AND
MUSEUMS, GROSSBRITANNIEN

blickt verträumt ins Unbestimmte, während der Blick ihrer Schwester auf die Zeitschrift in ihren Händen gerichtet ist.

Abseits, ja hinter den beiden sitzt die dritte Schwester auf einem Stuhl, einen Arm über die Lehne geschwungen, auch der Blick geht über die Lehne, aber nicht zu ihren Schwestern, sondern direkt ins Auge der Betrachterin oder des Betrachters. Die Haltung der Hände ist verschränkt, und die beiden Zeigefinger weisen auf die Schwestern, aber irgendwie auch wieder nicht, denn sie wachsen nur aus einer seltsamen Verschränkung heraus, die auch eine Art Pose ist. Wie die gesamte Körperhaltung dieser scheinbar wie ausgeschlossen aus trauter Zweisamkeit wirkenden Frau.

Im Grunde jedoch steht keine der drei Misses Vickers in einer näher definierten Beziehung zu den jeweils beiden anderen: Jede ist mit ihren eigenen Gedanken beschäftigt und mit ihren Sehnsüchten allein. John Singer Sargent (1856-1925), der bedeutendste amerikanische Porträtmaler seiner Zeit, hat in diesem berühmten Bild nicht nur eine Milieu- sondern auch eine psychologische Studie auf die Leinwand gebannt.

Bekannt war Sargent für seine oft lebensgroßen Bildnisse der englischen Aristokratie und der amerikanischen feinen Gesellschaft, nicht wenig beeinflußt von James McNeill Whistler (dessen Atelier er 1886 in London übernahm) und der spanischen Malerei, aber auch vom Impressionismus, der vor allem die Landschaftsbilder von seinen ausgedehnten Reisen durch Italien, Nordafrika, Palästina, Frankreich, die iberische Halbinsel, England, Schottland und Norwegen prägte.

Duftiger, impressionistischer, sonnendurchglühter als das häusliche Gemälde der blassen Misses Vickers und ihrer etwas prekären Beziehung zueinander ist das Bildnis der beiden Damen vom Simplon Pass. Auch hier blickt die auf einem Liegestuhl mit einem Kissen malerisch drapiert Liegende den sie porträtierenden Künstler und damit auch uns an. Ihre Lippen sind geöffnet, wirken wie erwartungsvoll. In den Augen ist etwas Verträumtes. Möglicherweise hört sie zu, was ihr die im hochgeschlossenen weißen Kleid, mit Sonnenschirm, Handschuhen, Hut und Schleier fast bewehrte, neben ihr auf dem Liegestuhl sitzende Dame aus dem aufgeschlagenen Buch in der rechten Bildmitte vorliest. Und obwohl die beiden Porträtierten einander nicht anschauen, ist eine vertraute Nähe zwischen ihnen zu spüren, eine Impression von sommerlicher Freundschaft.

DIE GIRLS

Auch diese beiden Freundinnen sind sich sehr nah, so vertraut miteinander, daß sich die eine in den Schoß der anderen gelegt hat. Das Mädchen, das aus einem Buch vorliest, hat ihre linke Hand wie absichtslos auf die Schulter ihrer Vertrauten gelegt, vielleicht streichelt sie gedankenverloren deren Wange und Haar, im stillen Rhythmus der Geschichte oder des Gedichts, das sie laut liest. Im Gegensatz zum schmucklosen schwarzen Kleid der Liegenden ist die Kleidung der Sitzenden geradezu mit filigraner Raffinesse gemalt: Jede Falte, jede Spitze, jedes Muster, jede Naht ist zu erkennen; das Häubchen wirkt merkwürdig antiquiert, ist aber womöglich nur ein Vintage-Zitat, das in seinem Style schon die Unbekümmertheit und Nüchternheit der Golden Twenties vorwegnimmt. Die Tapete zeigt ein poppiges Muster – kaum zu glauben, daß das Bild von Harry Wilson Watrous (1857-1940) im Jahr 1915 gemalt worden ist.

Es trägt den lakonischen Titel *Just a Couple of Girls*, und es sind tatsächlich sehr modern wirkende Girls, die nichts mehr von europäischer Belle Epoque und Fin de Siècle haben, sondern schon selbstbewußt genug sind, sich von irgendwelchen Konventionen nicht mehr sonderlich beeindrucken zu lassen. Und gleich, ob wir diese Szene

HARRY WILSON WATROUS
(1857–1940)
Just a Couple of Girls, 1915
BROOKLYN MUSEUM OF ART,
NEW YORK, USA

nun erotisch interpretieren oder sie einfach als das gelten lassen, was sie vermutlich ist – es geht etwas Verführerisches von ihr aus: der Wunsch, sich fallen zu lassen, einfach das zu tun, wonach einem der Sinn steht, und körperliche Nähe zu suchen, wenn es sich ergibt.

VERTRAUTHEIT

Vertrautheit und wunderbare Nähe spiegelt auch dieses von Edmond-François Aman-Jean (1858-1936) in weichen Linien und Farben gemalte Bild: In entspannter Atmosphäre sitzen zwei Frauen auf einer Chaiselongue oder Récamière beisammen – eine in schwarzgrünem Ensemble, sich vornüber neigend und Arm und Kopf aufstützend, aus einem Buch vorlesend, die andere in hellem Kleid, einen Arm über Kissen und Lehne hängen lassend, in der rechten Hand eine voll erblühte Rose haltend – so sacht, daß sie gerade eben nicht zu Boden fällt. Mit versonnenem Gesichtsausdruck hört sie zu, was die andere vorliest, und nicht nur die Rose deutet darauf hin, daß es sich um eine Liebesgeschichte oder um etwas Amouröses handelt, denn diese beiden Frauen sind in genau dieser Stimmung erotischer Ansprechbarkeit.

Durch die Körperhaltung der Vorleserin wird deren Schulter entblößt, das Dekolleté betont; die vertrauliche Neigung zur Freundin hin – so daß das Buch und die es haltende Hand auf dem Oberschenkel einen warmen Platz und einen angenehmen Halt finden – symbolisiert eine delikate Zuwendung, die der Zuhörenden und vor sich hin Träumenden durchaus willkommen ist, selbst wenn sie die Berührung nicht erwidert.

Und auch wenn die Lippen der Vorleserin für einen Moment geschlossen sind – die Hinwendung zu ihrer Freundin, die offensichtliche Suche nach ihrer Nähe und Wärme läßt nicht den Schluß zu, als lese sie still vor sich hin und die andere sitze nur unbeteiligt dabei. Nein, dieses Buch, diese Geschichte schließt die Freundinnen füreinander auf. Und schon der nächste Augenblick kann sie noch näher zueinander finden lassen …

EDMOND-FRANÇOIS AMAN-JEAN
(1858–1936)
Vertrautheit
MUSÉE DE LA CHARTREUSE, DOUAI,
FRANKREICH

GERTRUDE E. DEMAIN
HAMMOND
(1862–1952)
Zeit für Geschichten, 1898
PRIVATSAMMLUNG

ACHTES KAPITEL

Wunderbare Nähe

Von Frauen, die vorlesen und mit ihren Kindern lesen

Mesdemoiselles, die Verführung durch die Literatur
beginnt nicht in Gestalt des Wortschatzes und der Syntax.
Denken Sie einmal daran zurück, wie die schöne Literatur
sich in unser Leben einschleicht. Im zartesten Alter,
kaum, daß man aufhört, uns das Lied vorzusingen, bei
dem das Neugeborene lächelt und einschläft, tut sich die
Ära der Erzählungen auf. Das Kind trinkt sie, wie es
seine Milch getrunken hat. Es verlangt nach Fortsetzung
und Wiederholung der Wunder; es ist ein erbarmungs-
loses und ausgezeichnetes Publikum. Gott weiß, wie viele
Stunden ich damit verloren habe, Kinder, die ihrem
erschöpften Vater zuriefen: »Mehr!« mit Zauberern,
Ungeheuern, Piraten und Feen zu versorgen.

— PAUL VALÉRY

Frauen, die ihren Kindern vorlesen, haben den Schlüssel zur Pforte, die geradewegs ins Wunderland der Phantasie führt, in ihrer Hand. So können sie neugierig machen auf den Stoff, aus dem die Träume sind. Es ergeht uns da wie im Märchen: Wir vermuten, ja wir wissen, daß hinter der magischen Pforte ein Land voller Schätze liegt, die zu heben die Phantasie anfacht. Denn Lesen gehört mit zum Intensivsten, was der Mensch tun kann. Und Intensität, ein Tiefengefühl, entsteht nur durch Verdichtung, durch das Zulassen und Verarbeiten von innerer Wirkung.

Jede Frau, die mit kleinen Kindern schon einmal zusammen Bilderbücher angesehen, die ihnen Geschichten erzählt und vorgelesen hat, strahlt Sicherheit und Vertrauen aus – wie das Buch, das sie in Händen hält. Ein Kind, das früh erfahren hat, daß seine Mutter eine Erzählwelt aufzubauen und beim gemeinsamen Lesen mit schöner Verläßlichkeit ein »gutes Gefühl« zu erzeugen vermag, wird sich stark fühlen. Und tatsächlich empfänglich sein für weitere Geschichten.

Schon ist der Grundstein für die schönste aller Süchte gelegt. Selbst Jahre später – wenn längst Bücher das abendliche Geschichtenerzählen abgelöst haben – werden Kinder sich an die guten, ersten erzählten Worte erinnern. Die Kombination aus Wärme und Nähe zur Mutter, aus halbdunklem Licht und warmer Erzählstimme ist der erste Schritt in die Bücherwelt.

Gemeinsames Lesen bedeutet, seine Gedanken und Gefühle einer anderen Wirklichkeit auszusetzen und ihr den Raum und die Möglichkeit zu geben, uns zu ergreifen, zu berühren, zu verändern. Einer Frau, die ihre Kinder zum Lesen und zu den Büchern bringen will, wird und muß es genau darum gehen: etwas Altbewährtes mit neuer Energie aufzuladen. So daß es zu strahlen beginnt und eine Aura bekommt. Etwas Unwiderstehliches. Etwas, das man lesen muß, wenn man es erleben will.

AUGUSTE TOULMOUCHE
(1829–1890)
Leseunterricht, 1865
MUSEUM OF FINE ARTS, BOSTON, USA

BILD LINKS
GEORGE DUNLOP LESLIE
(1835–1921)
Alice im Wunderland
ROYAL PAVILLON, LIBRARIES & MUSEUMS,
BRIGHTON & HOVE, GROSSBRITANNIEN

MOMENTE DER VERTRAUTHEIT

Ein spektakuläres Bild von Mary Louise Gow (1851-1929), welches die ganze Pracht eines Belle Epoque-Salons einfängt. Zwar ist das luxuriöse Interieur nur angedeutet – eine Wandmalerei, die Skulptur eines Engels –, doch die üppige Kissenlandschaft, vor allem jedoch das duftige, weiße Kleid, das mit weißblauen Schleifen wie in Kaskaden flutet, schaffen eine malerische Opulenz, die ihresgleichen sucht.

Die Dame des Hauses liest, schön gebettet auf Polster und Kissen, das Buch in einer Armbeuge. Doch der Blick des Malers und damit auch des Betrachters gilt dem Mittelpunkt des Bildes: der Tochter, die sich von der Seite an die Mutter schmiegt und sich über deren Oberschenkel beugt. Das tizianrote Lockenhaar setzt auf dem Kleid der Leserin einen farbintensiven Akzent. Geradewegs blickt das Mädchen den Betrachter an, als wolle es seine Aufmerksamkeit erringen – eine Aufmerksamkeit, welche die Mutter ihr nicht zu schenken vermag, so versunken, wie sie in ihre Lektüre ist.

VERTIEFT IN BÜCHER

Eine Mutter-Tochter-Szene, wie sie auch Carl Larsson hätte malen können. Doch das Bild *Interior* ist von Peder Severin Kroyer, der die Betrachter des Bildes in eine wunderbare Stimmung führt: Da lesen zwei,

jedoch nicht zusammen; jede ist in ihr eigenes Buch vertieft – und doch sind sie einander nah. Die Mutter hat sich auf dem Sofa ausgestreckt und liest, und auch die Tochter hat sich ihren kleinen Stuhl herbeigeholt, sie liest ihr eigenes Buch, aber ganz in der Nähe der vertrautesten Person, die sie kennt. Als wolle sie es ihrem großen Vorbild gleichtun.

Wie so oft gelingt es Kroyer, Szenen mit Sehnsuchtspotential zu schaffen: eine Idylle jenseits allen Kitsches, eine Stimmung jenseits aller Banalität, eine Aura des Friedens und der Beschaulichkeit jenseits aller Künstlichkeit. Diese kleine Familie ist auf anrührende Weise eng beieinander, und das geheimnisvolle Zauberband, welches sie miteinander verbindet, sind die Bücher, die Nähe schaffen, ein wortloses Einverständnis voll einfacher, tiefer Schönheit.

MUTTER UND SCHWESTER
DER KÜNSTLERIN

Mutter und Tochter zeigt auch dieses Bild, doch von wunderbarer Nähe ist hier nicht viel zu spüren. Berthe Morisot (1841-1895), die ihre Mutter und ihre Schwester porträtierte, war die erste Frau in der Gruppe der französischen Impressionisten und zusammen mit der amerikanischen Künstlerin Mary Cassatt die bedeutendste Malerin des späten neunzehnten Jahrhunderts. Sie wuchs in einer wohlhabenden französischen Familie auf, die oft Abendgesellschaften für Künstler gab. Schon als Kind hatte Berthe Privatunterricht im Zeichnen und Malen erhalten, nahm später als Schülerin Unterricht bei Camille Corot. Vor allem mit Édouard Manet verband sie eine enge Freundschaft; er porträtierte sie wiederholt zwischen 1868 und 1874. Sie heiratete seinen Bruder Eugène und schenkte 1878, ein Jahr nach der Hochzeit, ihrer Tochter Julie Manet das Leben.

Trotz Manets starken Einflusses entwickelte Berthe Morisot einen eigenen Stil, in dem sie mit feinem Pinselstrich Frauen- und Kinderporträts, Interieurs und Familienszenen, aber auch Landschaften malte. Lichthaltige Farben, ein zarter Gefühlsausdruck und eine starke Betonung graphischer Mittel waren ihre Kennzeichen.

Für den Pariser Salon des Jahres 1870 wollte Berthe Morisot zwei Bilder einreichen, eines davon dieses Porträt ihrer lesenden Mutter und ihrer Schwester Edma, die neben ihr auf dem Sofa sitzt. Sie bat Manet um Rat, der das Gemälde für in Ordnung befand, bis auf ein kleines Detail am unseren Rand eines der Kleider. Er nahm Berthe Palette und Pinsel aus der Hand, um einige kleine Akzente zu setzen, doch »einmal dabei, war er nicht mehr aufzuhalten; nach dem Kleid nahm er sich den Busen vor, nach dem Busen den Kopf und schließlich auch den Hintergrund. Er riß einen Witz nach dem anderen, lachte wie ein Irrer, reichte mir die Palette, nahm sie mir wieder ab; um fünf Uhr nachmittags hatten wir die beste Karikatur geschaffen, die es je zu sehen gab.«

Die Impression, die Berthe Morisot einzufangen gesucht hatte, zeigt beide Frauen in einer seltsamen Verlorenheit. Von befriedigendem oder gar vergnüglichem Lesen ist hier wenig bis nichts zu spüren: Die Mutter ist ernst in ihr Buch vertieft, auf welches die Schwe-

ster mit leerem Blick schaut, während sie mit der linken Hand am Zipfel eines Kissens spielt. Wartet sie darauf, daß die Mutter ihr etwas vorliest? Erwartet sie überhaupt etwas? Eine gewisse Saturiertheit, ja Langeweile geht von dem Bild aus, ein fragiler sonntäglicher Friede, und dieser Augenblick im Verhältnis zwischen Mutter und Tochter, die so nah beieinander sitzen und einander doch fern zu sein scheinen, ist von einer stillen Resignation geprägt.

EINE IDYLLE

Grün ist die alles dominierende Farbe in diesem Bild, zumindest in den oberen zwei Dritteln: das Blätterwerk des Baumes, das sich wie ein Schutzschild über die Szene spannt, der Rasen, der Teich. Das Fell über dem großen Korbstuhl sieht weich und flauschig aus, ebenso das Kissen, an das sich die Lesende lehnt. Wie Farbtupfer wirken die Blumen am künstlichen Teich im Hintergrund des Bildes und die Schleife im Haar des Mädchens, das verträumt über die Lehne blickt.

Unser Blick richtet sich auf die Gesichter der beiden Porträtierten. Und auf die Hand, welche die Seiten umblättert und fast im Mittelpunkt des Bildes verharrt.

Auffallend der Rahmen, den der Maler dem Bild gibt und mit dem er eine Art »Fenstereffekt« erzeugt. Die Farbe, mit der James Tissot (1836-1902) ihn getupft hat, findet sich auch in einzelnen Reflexen im Blätterwerk wie im Haar der Lesenden.

Auch in diesem Fall wissen wir genau, wen das Bild zeigt: Das Modell ist Tissots irische Geliebte Kathleen Newton (1854-1882), das Mädchen ihre Nichte Lilian Hervey. Und auch der Ort ist genau definierbar, da dieses charakteristische Fell auf der Sitzgelegenheit und der Teich im Hintergrund auch auf anderen Bildern Tissots auftauchen: Es ist der Garten seiner Villa in St. John's Wood, London.

Ob Kathleen Newton ihrer Nichte etwas vorliest? Ihre Lippen sind leicht geöffnet, es könnte sein. Der Gesichtsausdruck der kleinen Lilian ist nicht leicht zu deuten; möglicherweise langweilt sie sich, weil ihre Tante so lange liest und sich nicht mit ihr beschäftigt, genauso möglich ist es, daß sie von dem, was sie hört, in eine träumerische Stimmung versetzt wird.

Eigentlich trug Tissot die Vornamen Jacques Joseph; er war ein französischer Maler, der sich in Paris bei Jean-Auguste-Dominique Ingres ausbilden ließ und mit Edgar Degas und Édouard Manet befreundet war. Als die Pariser Kommune, an der Tissot aktiv teilgenommen hatte, niedergeschlagen worden war, mußte er Frankreich verlassen. Im Mai 1871 floh er nach London, wo er seinen Vornamen in James anglisierte und sich im Stadtteil St. John's Wood ein Haus kaufte.

Kathleen Newton, mit der er hier ab 1876 lebte, war eine geschiedene Frau mit zwei Kindern. Tissot verliebte sich in sie, Kathleen wurde seine Muse und sein bevorzugtes Modell. Das Zusammenleben mit ihr entsprach jedoch keineswegs der viktorianischen Moral.

Kathleen Newton ist auf vielen Bildern Tissots zu sehen, als Lesende bzw. mit einem Buch auch auf dem Gemälde mit dem merkwürdig unentschiedenen Titel *Mutter und Kind oder Die ältere Schwester*. Doch es handelt sich weder um Mutter und Kind noch um Schwestern. Auch hier wird die Geliebte mit ihrer Nichte Lilian abgebildet: Sie sitzen im sommerlichen Licht auf den Stufen zum Atelier in Tissots Villa in der Grove End Road. Herausfordernd stemmt Kathleen eine Hand in ihre Seite, aber ihr Gesichtsausdruck ist keineswegs empört – etwa über eine unliebsame Störung –, sondern seltsam abwesend, als denke sie über etwas nach, was sie gerade gelesen hat. In den anderen Arm hat sich Lilian geschmiegt; anders als Kathleen, die ins Leere blickt, schaut Lilian den Maler bzw. Betrachter an. Ihr Kopf bedeckt die rechte Seite des Buches, was darauf hinweist, daß es mit dem Lesen schon ein Weilchen her ist.

Und doch ist das Buch hier keineswegs nur ein dekoratives und letztlich austauschbares und überflüssiges Element: Es zeigt die Leserin als »Bücherfrau«, also gebildet, und doch nicht der Welt entrückt, sondern ihr zärtlich zugewandt.

JAMES JACQUES
JOSEPH TISSOT
(1836–1902)
Mutter und Kind oder Die
ältere Schwester, ca. 1881
MUSÉE MUNICIPAL CAMBRAI,
FRANKREICH

BILDNACHWEIS

Archiv für Kunst und Geschichte: 61, 71, 103, 110, 119. Artothek: 113.
Bridgeman Art Library: 11, 12, 16, 18, 20, 25, 26, 38/39, 41, 42/43, 44, 49, 50, 52, 56,
63, 69, 70, 72/73, 74/75, 78, 80/81, 82, 87, 88, 93, 95, 96/97, 98/99, 101, 105, 106,
108, 114, 121, 128, 130, 134, 139, 140/141, 142/143, 146/147, 149, 153, 155, 156, 159.
Corbis: 51, 152. Meridian Fine Art Publishing: 4, 8, 9, 15, 30, 32, 33, 35, 36, 40, 47, 55,
58, 59, 65, 66, 67, 77, 84, 90, 91, 94, 117, 123, 124, 126, 133, 137, 144, 145, 150, 151.

TEXTNACHWEIS

Ingeborg Bachmann: Malina. Frankfurt am Main 1971. Harold Bloom: Die Kunst
der Lektüre. München 2000. Ulrich Greiner: Leseverführer. Eine Gebrauchsanweisung
zum Lesen schöner Literatur. München 2005. Elke Heidenreich: Frauen am Meer.
Von Tania Schlie. München 2010. Alberto Manguel: Eine Geschichte des Lesens.
Frankfurt am Main 1998. Alberto Manguel: Tagebuch eines Lesers. Frankfurt am Main 2005.
Daniela Thiele: Freundinnen für immer. München 2010.

ISBN 978-3-85179-145-7

© 2010 by Thiele Verlag in der
Thiele & Brandstätter Verlag GmbH,
München und Wien
Bildredaktion: Johannes Thiele
Gesamtgestaltung: Christina Krutz Design, Riedstadt
Umschlagbild: Pierre-Auguste Renoir, Lesende
Druck und Bindung: Grasl Druck & Neue Medien, Bad Vöslau

www.thiele-verlag.com